江西财经大学信毅学术文库

工作场所不文明行为对旁观者工作有效性的影响研究：基于道义公平的视角

李志成　著

中国财经出版传媒集团
中国财政经济出版社

图书在版编目（CIP）数据

工作场所不文明行为对旁观者工作有效性的影响研究：基于道义公平的视角/李志成著. --北京：中国财政经济出版社，2019.10

（江西财经大学信毅学术文库）

ISBN 978-7-5095-9208-3

Ⅰ.①工… Ⅱ.①李… Ⅲ.①企业管理－不良行为－研究－中国 Ⅳ.①F279.23

中国版本图书馆 CIP 数据核字（2019）第 190688 号

责任编辑：彭　波　　　　　责任印制：党　辉
封面设计：王　颖　　　　　责任校对：胡永立

中国财政经济出版社 出版

URL: http://www.cfeph.cn

E-mail: cfeph@cfemg.cn

（版权所有　翻印必究）

社址：北京市海淀区阜成路甲 28 号　邮政编码：100142
营销中心电话：010-88191537
北京财经印刷厂印装　各地新华书店经销
710×1000 毫米　16 开　13 印张　200 000 字
2019 年 10 月第 1 版　2019 年 10 月北京第 1 次印刷
定价：68.00 元
ISBN 978-7-5095-9208-3
（图书出现印装问题，本社负责调换）
本社质量投诉电话：010-88190744
打击盗版举报热线：010-88191661　QQ：2242791300

本书得到国家自然科学基金"顾客不文明行为的多视角形成机制研究"(71662013);江西省高校人文社科重点研究基地项目"江西酒店一线员工感知的不文明行为的现状及治理研究"(JD18100);江西省自然科学基金项目"职场不文明行为对旁观者的影响过程分析:一项追踪研究"(2018BAA208040)资助。

总　序

　　书籍是人类进步的阶梯。通过书籍出版，由语言文字所承载的人类智慧得到较为完好的保存，作者思想得到快速传播，这大大地方便了知识传承与人类学习交流活动。当前，国家和社会对知识创新的高度重视和巨大需求促成了中国学术出版事业的新一轮繁荣。学术能力已成为高校综合服务水平的重要体现，是高校价值追求和价值创造的关键衡量指标。

　　科学合理的学科专业、引领学术前沿的师资队伍、作为知识载体和传播媒介的优秀作品，是高校作为学术创新主体必备的三大要素。江西财经大学较为合理的学科结构和相对优秀的师资队伍，为学校学术发展与繁荣奠定了坚实的基础。近年来，学校教师教材、学术专著编撰和出版活动相当活跃。

　　为加强我校学术专著出版管理，锤炼教师学术科研能力，提高学术科研质量和教师整体科研水平，将师资、学科、学术等优势转化为人才培养优势，我校决定分批次出版高质量专著系列；并选取学校"信敏廉毅"校训精神的前尾两字，将该专著系列命名为"信毅学术文库"。在此之前，我校已分批出版"江西财经大学学术文库"和"江西财经大学博士论文文库"。为打造学术品牌，突出江财特色，学校在上述两个文库出版经验的基础上，推出"信毅学术文库"。在复旦大学出版社的大力支持下，"信毅学术文库"已成功出版两期，获得了业界的广泛好评。

　　"信毅学术文库"每年选取 10 部学术专著予以资助出版。这些学术专著囊括经济、管理、法律、社会等方面内容，均为关注社会热点论题或有重要研究参考价值的选题。这些专著不仅对专业研究人员开展研究工作具有参考价值，也贴近人们的实际生活，有一定的学术价值和现实指导意义。专著的作者既有学术领域的资深学者，也有初出茅庐的优秀博士。资深学者因其学术涵养深厚，他们的学术观点代表着专业研究领域的理论前沿，对他们专著的出版能够带来较好的学术影响和社会效益。优秀博士作为青年学者，他们学术思维活跃，容易提出新的甚至是有突破性的学术观点，从而成为学术研究或学术争论的焦点，出版他们学术成果的社会效益也不言自明。一般而言，国家级科研基金资助项目具有较强的创新性，该类研究成果常常在国内甚至国际专业研究领域处于领先水平，基于以上考虑，我们在本次出版的专著中也吸纳了国家级科研课题项目研究成果。

"信毅学术文库"将分期分批出版问世，我们将严格质量管理，努力提升学术专著水平，力争将"信毅学术文库"打造成为业内有影响力的高端品牌。

王 乔

2016 年 11 月

前　言

工作场所不文明行为（workplace incivility）指违背工作场所相互尊重的人际规范，伤害意图模糊、低强度的越轨行为。国内外研究和调研显示，工作场所不文明行为不仅影响直接受害者，而且对旁观者有重要影响。然而现有研究大多聚焦于不文明行为对受害者的影响，考察工作场所不文明行为对旁观者影响的研究并不多，基于中国文化情境的相关研究尚处空白状态。随着不文明行为研究的发展，基于旁观者视角考察工作场所不文明行为的影响将成为众多研究者呼吁的重要且前沿的研究主题。

然而当前不文明行为对旁观者影响的研究中尚有一些未解之惑。一方面，本书结合已有的调研结果，对中国组织中的不文明行为及影响进行了访谈，发现不文明行为对旁观者正常的工作造成重要的影响，不文明行为是否及如何影响旁观者工作有效性成为现实中亟待解决的问题。另一方面，现有旁观者视角研究大多基于道义公平理论，考察不文明行为所引发的旁观者针对实施者和受害者的行为反应（利他性的反应），而忽视道义公平反应对旁观者的成本。基于此，本书立足旁观者视角，考察道义公平对旁观者工作有效性的影响，并结合不文明行为受害者研究成果中认知和情绪的解释机制，通过对比道义公平和程序公平、道义公平和消极情绪在工作场所不文明行为与旁观者工作有效性关系中的作用，考察道义公平能否在传统的认知和情绪解释机制基础上为两者关系提供独特的解释力，并进而挖掘道义公平在这一关系中的作用边界。本书通过三项子研究考察上述问题。

子研究一，考察工作场所不文明行为对旁观者工作有效性（工作绩效和创造力）的影响、道义公平和程序公平在其中的中介作用及差异。通过对 231 对员工—主管配对、追踪样本的分析，结果表明工作场所不文明行为显著负向影响旁观者工作绩效和创造力,道义公平和程序公平在其中发挥中介作用,并且在不文明行为与旁观者工作绩效的关系中,程序公平的中介效应强于道义公平,在不文明行为与旁观者创造力的关系中,两者的中介作用无显著差异。

子研究二,进一步分析道义公平理论和情感事件理论在工作场所不文明行为与旁观者工作有效性(工作绩效和创造力)关系中的作用。通过对235对员工—主管配对、追踪样本的分析,结果表明工作场所不文明行为通过道义公平和消极情绪这两条不同的中介路径影响旁观者工作有效性。结合子研究一的结论,这表明道义公平理论在这两者关系中具有独特的解释力。

子研究三,进一步交叉验证道义公平在工作场所不文明行为与旁观者工作有效性(工作绩效和创造力)关系之间的中介作用,并考察公正世界信念的调节作用。通过对157对员工—主管配对、追踪调研和数据分析,再次验证了道义公平的中介作用,并发现公正世界信念对不文明行为与道义公平关系的调节作用以及对道义公平中介作用的调节作用。

从理论上看,首先,本书基于旁观者视角考察工作场所不文明行为的影响,是中国文化情境下工作场所不文明行为旁观者视角的开拓研究。其次,本书基于道义公平理论、程序公平理论和情感事件理论考察这三种理论机制在工作场所不文明行为与旁观者工作有效性关系中的作用。从理论上拓展了工作场所不文明行为影响旁观者的多种理论路径,是工作场所不文明行为多种理论机制对比研究的全新尝试,有助于揭开工作场所不文明行为与旁观者工作有效性的"作用黑箱"。再次,本书在验证道义公平独特解释力的基础上考察了公正世界信念在工作场所不文明行为与旁观者道义公平关系中的调节作用,以及对道义公平中介作用的调节作用,是对道义公平和公正世界信念研究的拓展。本书的结论表明公正世界信念可以缓解职场负向行为对旁观者工作有效性的影响,有助于缓解和减轻职场负面行为对旁观者的危害。最后,本书对工作场所负面行为研究也有启发意义。现有旁观者视角的负面行为研究均关注旁观者利他性的反应,并未考虑到工作场所负面行为引发的旁观者自身行为变化和产生的结果。本书的结论表明工作场所不文明行为通过多种机制影响旁观者工作有效性,这对未来研究考察旁观者针对自身的反应具有一定的启发。

本书对与组织管理实践也有一定的启发。本书表明工作场所不文明行为对旁观者工作有效性的危害，这提醒组织不要忽略工作场所中低强度的、细微的不文明行为。在组织管理实践中，组织管理者要重视任何细微的职场负面事件，不仅仅要关注负面行为的实施者和受害者，还应该考虑到旁观者。本书的结论对于企业加强对职场负面行为管理、预防和减少组织中的不文明行为，提升组织员工工作有效性等有现实指导价值。

作者
2019 年 5 月

目　　录

第 1 章　绪论 ································· 1
1.1　研究背景 ································ 1
1.2　研究问题与研究意义 ······················· 8
1.3　研究结构安排 ····························· 12

第 2 章　文献综述 ····························· 14
2.1　工作场所不文明行为 ······················· 14
2.2　员工工作有效性 ··························· 32
2.3　组织公平 ································· 41
2.4　消极情绪 ································· 53
2.5　公正世界信念 ····························· 56
2.6　本章小结 ································· 58

第 3 章　研究设计 ····························· 61
3.1　研究变量的基本概念界定 ··················· 61
3.2　关键研究问题 ····························· 62
3.3　研究总体框架设计 ························· 63
3.4　研究问卷设计 ····························· 65
3.5　研究样本 ································· 65
3.6　问卷设计访谈 ····························· 66
3.7　分析技术 ································· 68

第 4 章　工作场所不文明行为与旁观者工作有效性：基于道义公平理论与程序公平理论 …… 70

- 4.1　研究目的与目标 …… 70
- 4.2　理论与研究假设 …… 72
- 4.3　研究方法 …… 80
- 4.4　数据分析与假设检验 …… 84
- 4.5　研究结论与讨论 …… 91

第 5 章　工作场所不文明行为与旁观者工作有效性：基于道义公平理论与情感事件理论 …… 93

- 5.1　研究目的与目标 …… 93
- 5.2　理论与假设 …… 94
- 5.3　研究方法 …… 101
- 5.4　数据分析与假设检验 …… 104
- 5.5　研究结论与讨论 …… 111

第 6 章　工作场所不文明行为与旁观者工作有效性：一个有调节的中介模型 …… 113

- 6.1　研究目的与目标 …… 113
- 6.2　理论与假设 …… 114
- 6.3　研究方法 …… 121
- 6.4　数据分析与研究假设 …… 124
- 6.5　研究结论与讨论 …… 132

第 7 章　结论与讨论 …… 134

- 7.1　主要研究结论 …… 134
- 7.2　研究的主要创新点和理论贡献 …… 139
- 7.3　实践启示 …… 141
- 7.4　研究局限与展望 …… 142

附录 ·· 145

　　附录一　问卷设计访谈提纲 ·· 145
　　附录二　员工调查问卷（子研究一：时间点1） ······················ 147
　　附录三　员工调查问卷（子研究一：时间点2） ······················ 149
　　附录四　主管调查问卷（子研究一：时间点2） ······················ 151
　　附录五　员工调查问卷（子研究二：时间点1） ······················ 153
　　附录六　员工调查问卷（子研究二：时间点2） ······················ 155
　　附录七　主管调查问卷（子研究二：时间点2） ······················ 157
　　附录八　员工调查问卷（子研究三：时间点1） ······················ 159
　　附录九　员工调查问卷（子研究三：时间点2） ······················ 161
　　附录十　主管调查问卷（子研究三：时间点2） ······················ 163

参考文献 ·· 165
后记 ·· 190

第1章 绪　　论

1.1 研究背景

1.1.1 理论背景

近年来，在组织管理研究领域，组织中的"负向行为"（或"阴暗面"行为）成为一个备受关注的研究主题。涌现出一些新的负向行为概念，如工作场所越轨行为（workplace deviant behavior）（Robinson & Bennett, 1995）、反生产行为（counterproductive behavior）（Fox, Spector & Miles, 2001）、辱虐管理（abusive supervision）（Tepper, 2000）。已有研究发现这些组织"负向行为"给组织和员工均带来巨大的伤害。但大多数研究聚焦于考察那些强度较大、伤害意图较为明显的负面行为的影响因素、影响后果和作用机制，而对那些强度较小、意图模糊，但对组织中更为频繁发生的对组织具有严重破坏性的工作场所不文明行为没有予以足够的关注（Schilpzand, Pater & Erez, 2016）。事实上，工作场所不文明行为虽然强度低，但其在组织中频繁发生，其累积效应不仅会影响员工的情绪和认知（Bunk & Magley, 2013; Caza & Cortina, 2007），而且会消极作用于员工的工作行为、工作结果等（Chen, Ferris, Kwan, Yan & Zhou, 2013; Lim & Lee, 2011; Woolum, Foulk & Erez, 2017）。多次轻微的工作场所不文明交互甚至可以演变成为高强度的职场负向行为，即工作场所不文明行为可能是其他职场负面行为的诱发因素，如反生产行为（Penney & Spector，2005；Sakurai & Jex，2012）、越轨行为（Wu，Zhang，Chiu & He，2013）等。

根据 Andersson 和 Pearson（1999）的研究，工作场所不文明行为指违背工作场所相互尊重的人际规范、伤害意图模糊、低强度的越轨行为。工作场所不文明行为作为一种人际指向的越轨行为，涉及多个参与者：实施者（perpetrator）、受害者（target/victim）和旁观者（observer）。实施者是不文明行为中攻击方和始作俑者；受害者是不文明行为中的被攻击方，不文明行为源自自身的感知，因而不同个体可能对同一类型的行为做出不同的判断，或对来自不同个体的行为做出不同的判断（Montgomery，Kane & Vance，2004）；旁观者是不文明行为中的第三方，虽然并不直接参与到不文明交互中，但能察觉和感知到他人之间不文明交互的个体。旁观者作为第三方力量，也会受到不文明行为的影响，承受二次伤害（Ferguson & Barry，2011），并且他们对所观察到的不文明交互的认知、态度和行为会影响实施者和受害者，加剧或阻碍不文明行为的发生（Reich & Hershcovis，2015）。如果旁观者对所观察到的不文明行为作出负面的回应，可能能防止不文明行为的出现和缓解不文明行为的消极后果；反之，如果旁观者对实施者作出正面的回应、对受害者作出负面的回应，则会加剧不文明行为的出现和其消极后果。由此，针对旁观者视角的工作场所不文明行为研究不仅可以全面认识工作场所不文明行为的作用和影响，而且有助于采取有针对性的措施预防不文明行为的负向演化。组织行为研究领域众多研究者（e.g. Cortina et al.，2017；Schilpzand et al.，2016）在近年开始反复强调和呼吁立足旁观者视角考察不文明行为影响的必要性和价值。组织行为领域著名期刊"*Journal of Organizational Behavior*"在 2017 年发布的"*Call for papers*"中也特别强调了考察职场负向行为中旁观者行为反应的重要性和理论价值。基于旁观者视角考察工作场所不文明行为的影响成为重要且新兴的研究主题。

尽管近年来研究者不断呼吁立足旁观者视角考察工作场所不文明行为，但截至目前聚焦于旁观者视角的相关研究并不多（王端旭、郑显伟，2013；Schilpzand et al.，2016），基于中国文化情境的研究仍然是空白。已有的工作场所不文明行为研究大多围绕工作场所不文明行为的直接参与者（攻击方和受害方），侧重于研究工作场所不文明行为中的实施者或受害者的视角（e. g. Kabat-Farr, Walsh & McGonagle, in press; Meier & Spector, 2013; Scott, Restubog & Zagenczyk, 2013）。这些研究立足于多个理论视角考察了工作场所不文明行为的影响因素和影响后果，如基于情绪和认知的视角考察不文明行为对受害者认知、情绪造成的影响及产生的行为后果等（Long & Christian, 2015；占小军，2017）。根据组织公平理论，公平感知作为重要的认知过程，在职场负面行为与员工工作行为和工作结果之间发挥重要的中介作用（Park, Hoobler, Wu, Liden, Wu & Wilson）。工作场所不文明行为作为员工消极的人际交互和压力源，有违工作场所公平和尊重待人的人际规范，会引发受害者的不公平感，并进而影响员工的心理压力/工作—家庭冲突以及工作表现等（Caza & Cortina, 2007; Lim & Lee, 2011）。情感事件理论则认为，不文明行为对于受害者而言是职场消极的工作事件，能够直接或间接影响员工的行为和工作结果（Sakurai & Jex, 2012）。组织公平视角和情感事件的视角为我们研究工作场所不文明行为提供了坚实的理论基础，也形成了丰硕的研究成果，成为不文明行为研究不可忽视的理论视角和作用机制。然而这些研究单纯聚焦受害者视角的研究，并不利于考察工作场所不文明行为中多方参与者的角色互动过程和影响，也不利于系统考察工作场所不文明行为中各种角色之间的联系。旁观者（旁观者）在工作场所不文明行为中与实施者、受害者均存在关联，他们既存在"攻击方与第三方"之间的角色关系，又可能存在"受害方与攻击方"之间的角色关系。这些角色转换体现了不文明行为的社会互动过程，也使旁观者在工作场所不文明行为中发挥重要作用，成为不可或缺的力量。由此，本书立足旁观者视角考察工作场所不文明行为对旁观者工作有效性的影响机制和影响过程。

从理论机制来看，道义公平理论（deontic justice theory）认为，工作场所中的旁观者可能会对违背公认的道德准则或规范的行为作出基于道德义务的反应，即使这样的行为会带来个人成本（Floger, 2001）。这为基于旁观者视角考察不文明行为的影响提供了理想的理论视角。现有的少量基于旁观者视角研究也基于道义公平理论考察了旁观者针对不文明行为直接参与者的反应，如帮助受害者、惩罚实施者（e. g. Reich & Herschovis, 2015）。但并未考虑道义公平反应对旁观者的潜在成本和所引发的旁观者针对自身的行为反应，如旁观者在观察到工作场所不文明行为之后，内心的道义不公平感是否会影响其工作绩效和创造力的发挥。根据蒋琬（2015）的研究，员工在工作中的绩效和创造力是其个人有效性的两个重要方面，分别代表了员工工作有效性的结果和工作有效性的过程，也是组织和组织有效性中不可或缺的基础。考察不文明行为对旁观者工作绩效的和创造力的影响，一方面是对道义公平引发旁观者成本的实证检验和考察；另一方面更加完整地揭示不文明行为影响旁观者工作有效性的机制，强化员工工作有效性的影响因素研究。

结合已有的工作场所不文明行为研究成果，从理论的视角来看，除道义公平理论之外，程序公平理论和情感事件理论也能解释工作场所不文明行为对员工的消极影响（Miner & Eischeid, 2012; Caza & Cortina, 2007）。由此，本书深入考察这些可能的作用机制，以求全面揭开工作场所不文明行为影响旁观者工作有效性的"作用黑箱"，并分别对比针对旁观者视角的道义公平与程序公平、道义公平和消极情绪在工作场所不文明行为与旁观者工作有效性（工作绩效和创造力）关系中的作用，考察特别针对旁观者视角的道义公平理论能否在传统的程序公平理论和情感事件理论基础上对两者关系提供补充解释。此外，对于不同的旁观者，道义公平在工作场所不文明行为与其工作有效性关系中是否发挥相同的作用，这些问题现有的研究均未能有效解答，也是已有研究中对全面梳理不文明行为研究的理论机制，强化和整合不文明行为理论机制的要求和亟待解答的研究问题（Schilpzand, Pater & Erez, 2016）。

本书基于道义公平的视角考察工作场所不文明行为对旁观者工作有效性（工作绩效和创造力）的影响机制。首先，考察并对比道义公平和程序公平在工作场所不文明行为与旁观者工作有效性（工作绩效和创造力）关系中的中介作用及差异，考察道义公平是否能在程序公平基础上解释两者之间的关系；其次，在对道义公平和程序公平考察的基础上，进一步验证道义公平理论和情感事件理论在工作场所不文明行为与旁观者工作有效性（工作绩效和创造力）关系中的作用，并验证道义公平能否在程序公平和消极情绪的基础上为两者之间的关系和作用提供独特的解释力；最后，考察道义公平在工作场所不文明行为与旁观者工作有效性（工作绩效和创造力）关系中的作用边界，即对于不同的旁观者，工作场所不文明行为通过道义公平对其工作有效性的影响是否相同，以及存在怎样的不同。

从理论上看，本书有效响应了工作场所不文明行为研究领域的呼吁，有效扩充了基于旁观者视角的工作场所不文明行为研究，有效弥补了不文明行为中多方参与者作用的相关研究。基于道义公平视角的考察补充了工作场所不文明行为研究成果，全面认识基于工作场所不文明行为旁观者除利他性反应之外的潜在的成本。基于道义公平视角，考察道义公平和程序公平、情感事件解释机制的差异以及其能否从独特的理论视角揭示工作场所不文明行为与旁观者工作绩效和创造力之间的关系，一方面扩充了旁观者视角的不文明行为影响后果，另一方面有助于深化对道义公平理论的认识，为道义公平理论的发展和实证检验增添了很多新的论述和见解，并考察了道义公平在工作场所不文明行为与旁观者工作有效性关系中的作用边界，有利于道义公平理论的发展和演进。

1.1.2 管理现象

工作场所不文明行为作为强度细微的职场负向行为，非常容易被忽略。但由于人格特质、利益、信仰等因素的作用及其差异，工作场所不文明行为在组织中十分普遍，其发生不可避免、无处不在（占小军，2017）。Cortina 等（2001）的研究表明，71%的员工在过去的五年中遭遇过不文明行为。而根据 Porath 和 Pearson（2013）连续十四年对上千名员工的调研显示，98%的员工在工作中遭遇过不文明行为，且员工遭受不文明行为的频率持续上升。1998 年，15%的员工表示至少每周都会被不文明对待，2005 年，约 50%的员工在每周至少遭遇一次不文明行为，而 2011 年数据显示，这一比例已超过 50%。不文明行为不仅在西方国家影响恶劣，而且在东方文化背景下也很常见，Yeung 和 Griffin（2008）对包括中国、印度、韩国、日本、新加坡在内的亚洲地区的 412 个组织中 116000 员工的调查显示，77%的员工报告自己在过去的一年内曾被不文明对待。国内知名招聘网站"智联招聘"在 2007 年和 2009 年的两次调查显示，在我国近七成的受访者表示曾遭遇过职场冷暴力。频繁发生的工作场所不文明行为给员工（包括受害者和旁观者）、组织均带来沉重的负担。

已有研究指出，工作场所不文明行为会造成员工情绪上的困扰（Lim & Teo，2009；Bunk & Magley，2013；Wilson & Holmvall，2013），危害员工生理和心理健康（Cortina et al., 2001; Lim & Cortina, 2005; Lim, Cortina & Magley, 2008）；并可能诱发职场中高强度的破坏行为，如人际越轨行为（Wu, Zhang, Chiu, Kwan & He, 2014）、针对主管或组织的报复行为（Kim & Shapiro, 2008）、反生产行为（Sakurai & Jex, 2012）。除造成以上的间接损失之外，不文明行为的频发给每位员工带来的经济损失接近每年 14000 美元（Pearson & Porath, 2009），并且在美国《财富》1000 强企业（Fortune 1000），管理者每年花费 13% 的工作时间（约 7 周）用于处理不文明行为及其带来的危害后果（Porath & Pearson, 2010）。正如 Schilpzand, Pater 和 Erez（2016）所言，不文明行为已经成为一个值得关注和亟待深入考察的严重社会问题，需要未来的研究更深入、系统地考察。

不同于一些私密的职场负向行为，如偷窃行为、反生产行为等。工作场所不文明行为的发生往往并不是隐蔽的，通常在他人在场的情况下发生（Porath & Pearson, 2010）。Porath 和 Pearson（2010）在对工作场所不文明行为成本的论述中指出，99% 的员工报告他们曾在职场中观察到过工作场所不文明行为，不文明行为似乎已经遍布所有的行业。因此，在组织内部，无论员工是否实施、遭受不文明行为，都能够觉察或观察到不文明行为的出现，并受到其影响。不文明行为对旁观者的影响，特别是对旁观者工作表现的影响也是其成本中重要的一部分。虽然国内外多次调研显示，工作场所不文明行为会造成组织的财务损失，减损组织工作绩效和组织工作的效率等，降低组织或团队工作有效性（Pearson & Porath, 2009; Yeung & Griffin, 2008），且旁观者作为不文明行为的非直接参与方，也会受到不文明的影响，但现有研究并未深入和系统地考察工作场所不文明行为对旁观者的影响，工作场所不文明行为究竟会对旁观者产生何种影响，特别是工作场所不文明行为是否能够影响旁观者有效工作的过程（创造力表现）和有效工作的结果（工作绩效表现），工作场所不文明行为通过何种过程机制影响旁观者工作有效性的过程和结果。这些都是管理实践中迫切需要得到解答的问题。对这些问题的探讨，一方面可以更清晰地认识不文明行为的成本以及其形成机制，另一方面可以帮助组织有针对性地采取措施减弱甚至避免不文明行为对旁观者工作有效性的消极作用。

1.1.3 文化根源

工作场所不文明行为作为"职场最普遍的反社会行为之一"(Cortina, 2008), 其危害在已有研究中多次得到验证, 研究显示, 其所造成的危害远高于由组织公民行为所带来的收益(Duffy et al., 2002)。不仅如此, 受传统"上尊下卑"文化的影响, 组织中主管对下属的嘲讽、辱骂、贬损等行为的普遍性显著高于西方(高日光, 2014), 这为中国情境下滋生主管对下属的不文明行为提供了"温床"。然而以往关于不文明行为旁观者视角的研究均基于西方文化情境。已有研究发现不文明行为对旁观者的情绪、工作态度、健康状况等均产生较大影响(Porath & Erez, 2009; Totterdell, Herschcovis & Niven, 2012; Reich & Herschcovis, 2015), 但相关的研究并未基于中国文化情境进行考察。

人类的行为既有共性, 也存在文化差异性。中华民族向来被誉为"礼仪之邦", 大多数中国人崇尚和遵循"非礼勿视, 非礼勿听, 非礼勿言, 非礼勿动"(《论语·颜渊》)的行为准则, 并将其作为重要的人际价值观(毛畅果、孙健敏, 2012)。因而, 东方员工可能更难接受和理解工作场所不文明行为的发生。另外, 在东方文化中的中庸价值取向已经成为传统价值体系的核心, 融入个体的性格和社会心理中, 在中庸思维导向下会倾向于维护个体之间的人际和谐, 中国人的人情观、面子观这些根深蒂固的"人情世故"必然会带到工作场所中来(靳宇倡, 2010), 表现为旁观者对不文明行为表面上的"容忍", 加之中国文化强调以和为贵塑造了个体"隐忍"和"宽容"的性格, 使员工不太可能对所观察到的不文明行为作出直接的表态和行为反应。但同时受集体主义导向价值观的作用, 中国员工关注工作场所他人的遭遇, 并会深受其影响(Li, Luo & Zhan, 2018)。

事实上, 旁观者在观察到工作场所不文明行为之后"敢怒不敢言"的状态会加剧不文明行为对旁观者的负面效应, 甚至可能产生不同于西方文化背景下的消极后果。然而现有相关研究均在西方文化情境下进行, 未能在中国文化情境下考察工作场所不文明行为对旁观者独特的影响和作用。由于东方文化强调忍耐, 以和为贵; 而西方文化则强调自由、天赋人权, 因而中国文化背景下的个体之间往往更加含蓄、间接地处理相互之间的冲突。基于此，不同文化背景下的员工（旁观者）在相同的情境所产生的行为也应有所差异，这使基于西方文化背景得出的研究结论不一定适合中国文化情境。

此外，中国文化情境下一个十分典型的特征在于高权力距离和集体主义（Hofstede，1980），对于旁观者而言，其在工作场所观察到的不文明行为做出不同认知和情绪反应，而是自己默默承受这些负向行为的后果，对自身的行为或工作结果造成影响（Li，Luo & Zhan，2018）。由此，在中国文化情境下，不文明行为导致的旁观者针对自身反应的影响（如工作有效性）可能更加突出。然而现有相关研究均在西方文化情境下进行，未能考察文化因素的作用，也未曾在中国文化情境下考察工作场所不文明行为对旁观者独特的影响和作用。因而在中国文化情境下基于旁观者视角考察不文明行为的影响，特别是不文明行为对旁观者工作有效性的影响具有特殊的意义和价值。

1.2　研究问题与研究意义

1.2.1　研究问题

为了回应上述的工作场所不文明行为研究的理论趋势和组织管理实践需要，本书立足旁观者视角，试图基于道义公平理论，在中国文化情境下考察不文明行为对旁观者工作有效性的影响效果和作用机制。具体来说，本书的研究问题包括：

第一，在组织内部，工作场所不文明行为对旁观者工作工作有效性（工作绩效和创造力）是否存在影响，工作场所不文明行为对旁观者工作有效性（工作绩效和创造力）影响的强度如何。

第二，工作场所不文明行为通过何种作用机制对旁观者工作有效性产生作用，是否存在多种作用机制和路径。结合职场负向行为研究成果，本书从理论上分析和实证上检验道义公平、程序公平和消极情绪在工作场所不文明行为与旁观者工作有效性关系中的作用。

第三,针对非直接参与方所提出的道义公平理论能否在传统的程序公平和情感事件视角的基础上,对工作场所不文明行为与旁观者工作有效性(工作绩效和创造力)关系提供独特的解释力,即立足于旁观者视角的道义公平理论是否是有别于不文明行为研究中采用的一般公平理论和情感事件理论的独特解释视角。

第四,道义公平在解释工作场所不文明行为影响旁观者工作有效性作用机制时的边界条件如何,即如何减少工作场所不文明行为通过道义公平对旁观者工作有效性的消极影响。

1.2.2 研究内容与研究意义

根据以上的研究问题,本书试图考察工作场所不文明行为对旁观者工作有效性的影响过程,以及道义公平在这一关系中的独特作用和作用边界。本书的研究内容和意义包括以下几点。

(1)工作场所不文明行为对旁观者的影响及其机制。

从工作场所不文明行为不同参与者(实施者、受害者和旁观者)的视角入手,本书试图从旁观者视角考察工作场所不文明行为对旁观者工作有效性(工作绩效和创造力)的影响。当前学者们虽然开始关注工作场所不文明行为对旁观者的影响,但相关的研究有如下特点:数量少且非常零散,未能够系统性地考察工作场所不文明行为对旁观者的影响过程和作用机制;结果变量较为单一,相关研究主要关注旁观者针对不文明行为直接参与者(实施者和受害者)的行为反应,未能探讨不文明行为对旁观者自身的影响。事实上,国内外的职场负面行为或不文明行为调研多次表明,工作场所不文明行为可能会对旁观者自身的工作完成情况、工作绩效造成影响,并进而造成组织的财务损失,但相关的实证探讨十分有限,只存在于理论探讨的层面,未能得到实证研究的检验和证实。基于此,本书首先考察工作场所不文明行为对旁观者工作有效性的影响,以此验证工作场所不文明行为是否能够影响旁观者针对自身的反应。

工作场所不文明行为对旁观者自身的影响,本书关注员工工作有效性,原因在于:首先,相比于其他的结果变量(如工作态度和冲突等),工作有效性的两个组成成分:工作绩效和创造力是组织管理实践最为关注的结果,其中工作绩效是组织管理实践中最受重视的产出指标,创造力也是组织获取竞争优势、实现长远发展的重中之重。但却是工作场所不文明行为研究领域较少关注的内容,特别是基于旁观者视角的工作场所不文明行为研究较少关注的变量。对该问题的探讨能够明确工作场所不文明行为这一伤害强度低的职场负向行为对员工工作重要结果的影响大小,特别是对旁观者工作有效性影响效应的大小和强度,有助于管理实践中更清晰地认识工作场所不文明行为这一强度低的负向行为在组织中的危害范围和效果,并找出有针对性的方案预防和缓解其危害。

(2) 道义公平在工作场所不文明行为与旁观者有效性关系中的独特作用和作用边界。

道义公平理论认为,在职场负向行为中旁观者会对他人遭受的不当对待做出道义性的反应。做出维护公平的行为,即使这样的行为给其自身带来一定的负担或成本(Floger,1998,2001)。这为基于旁观者考察职场负向行为提供了很好的理论视角(Zheng,2015;王端旭、曾恺、郑显伟,2017),但现有的研究均只考虑了道义公平理论下,员工利他性的动机和行为反应(即维护道义和公平的反应),忽视了员工维护道德和道义的行为带来的潜在成本。本书基于道义公平的视角考察工作场所不文明行为对旁观者工作有效性的影响(即道义公平反应对旁观者可能的成本),并进一步考察基于道义公平的旁观者影响后果是否能够在原有相关理论的基础上提供额外的解释力。例如,根据不文明行为受害者视角的研究和其他职场负向研究,工作场所负向行为可能通过程序公平或情感事件的机制对旁观者产生影响(Porath & Erez,2009;Totterdell et al.,2012),为了验证员工道义公平带来的潜在成本,本书在子研究一和子研究二中分别基于道义公平理论和程序公平理论,基于道义公平理论和情感事件理论考察这些理论机制在工作场所不文明行为与旁观者工作有效性的影响及其中介作用过程和差异。由此确定道义公平在工作场所不文明行为与旁观者工作有效性关系中的独特解释力,并通过子研究三进一步考察道义公平影响工作场所不文明行为与旁观者工作有效性的作用边界条件。

综上所述,本书包含三项子研究,囊括了上述研究内容,回答本书的研究问题:子研究一,基于道义公平和程序公平探讨工作场所不文明行为对旁观者工作有效性的影响,提出道义公平在其中的中介机制,分析其与传统的程序公平在其中的作用区别；子研究二，基于道义公平和情感事件的机制考察工作场所不文明行为对旁观者工作有效性的影响，以此进一步考察道义公平能否在消极情绪的基础上，在工作场所不文明行为与旁观者工作有效性的关系中发挥作用，并结合子研究一的研究结论推断出道义公平在不文明行为与旁观者工作有效性之间独特的解释力；子研究三，分析员工公正世界信念在不文明行为通过道义公平影响旁观者工作有效性机制中的调节作用。

无论从理论上还是从实践上，本书关注的研究问题和所研究的内容都存在一定的意义和价值。

本书的理论意义体现在以下四个方面。

第一，本书通过实证研究探讨工作场所不文明行为对旁观者工作有效性（工作绩效和创造力）的影响过程。具体地，本书根据相关研究成果（如蒋琬，2015）用员工工作绩效和创造力来界定员工工作有效性，考察了员工在工作中有效工作的过程（创造力）以及有效工作的结果（工作绩效）。本书全面考察工作场所不文明行为对旁观者工作绩效和创造力的影响，一方面拓展了基于旁观者视角的工作场所不文明行为研究，另一方面补充了员工工作绩效和创造力影响因素的研究成果。

第二，本书考察道义公平理论是否在一般公平理论和情感事件理论基础上，对工作场所不文明行为对旁观者工作绩效提供额外的解释力，从而从新的理论视角上对工作场所不文明行为对旁观者工作绩效进行补充解释，有助于更加深入地认识工作场所不文明行为对旁观者工作有效性（工作绩效和创造力）的作用过程和作用机制。

第三，本书从旁观者视角考察不文明行为的影响效果，扩充了基于旁观者视角的不文明行为研究，更加明确和深化工作场所不文明行为理论，有助于工作场所不文明行为理论的完善和成熟。这也有助于从不同参与者角色和特点方面入手，考察工作场所不文明行为的影响及差异。

第四，根据工作场所不文明行为的回旋升级效应，工作场所不文明行为可能在深度和广度上进行演变和升级。一方面，不文明行为的实施者和受害者之间矛盾不断升级，彼此进行针锋相对的回应，最初低强度的越轨行为逐渐螺旋升级，演变为高强度的、伤害意图明显的越轨行为，这是不文明行为在深度上的演变；另一方面，不文明行为的影响范围可能不断渗透和扩散，对旁观者造成影响，或者遭遇不文明行为员工对其他员工实施不文明行为，这是不文明行为在广度上的演变。虽然回旋升级效应是工作场所不文明行为区别于其他职场负向行为的重要特点（Andersson & Pearson, 1999），但在后续的相关研究中并未对此进行深入考察，特别是相关的实证检验十分匮乏，这也是不文明行为研究中亟待补充和完善的部分（Cortina, Kabat-Farr, Magley & Nelson, 2017; Schilpzand, Pater & Erez, 2016）。本书立足旁观者视角考察工作场所不文明行为对旁观者工作有效性的影响，是对不文明行为广度上回旋升级的全新探索和实证考察，有助于深化和扩展不文明行为的回旋升级效应。

除上述潜在的理论价值以外，本书对组织管理实践的启发在于：一方面有助于管理实践中深化对不文明行为影响后果的认识，认识到不文明行为不仅仅对受害者产生消极影响，还会影响并不参与不文明交互的旁观者；另一方面有助于组织管理实践中有针对性的措施减少不文明行为产生的消极后果，提升员工的公平感知，从而降低不文明行为对旁观者的影响、减弱不文明行为的扩散。此外，根据不文明行为在深度和广度上的回旋升级效应，本书从旁观者视角进行考察，有助于管理实践中寻求消除和缓解不文明行为回旋升级的方法和策略，从而降低一系列可能的负向行为对组织的影响。

1.3 研究结构安排

本书围绕工作场所不文明行为，试图在中国文化情境下考察工作场所不文明行为对旁观者工作有效性的影响效果及作用机制，本书共包含七章，研究的逻辑结构和各章主要内容包括（见图1-1）：

第1章：绪论。本书首先从理论背景、管理现象和文化根源三个方面全面阐述研究背景，指出为什么要基于旁观者视角和道义公平视角研究工作场所不文明行为；其次阐明本书的研究问题、研究意义；最后对本书的结构安排和各章内容进行简要介绍。

第2章：文献综述。系统地分析和回顾本书中各个主要变量的概念和相关的研究，主要涉及的变量包括工作场所不文明行为、员工工作有效性

（工作绩效、创造力）、组织公平（道义公平和程序公平）、消极情绪、公正世界信念等。

第3章：研究方法。结合对文献的述评系统地说明本书的研究目的和囊括的研究内容，以及研究的后续安排、研究设计以及拟采用的分析技术等。

第4章：子研究一，基于道义公平理论和一般公平理论考察工作场所不文明行为对旁观者工作有效性的影响以及其作用差异。

第5章：子研究二，基于道义公平理论和情感事件理论考察工作场所不文明行为对员工工作有效性的影响以及其作用差异。

第6章：子研究三，交叉验证道义公平理论在工作场所不文明行为对员工工作有效性的影响，并考察旁观者公正世界信念在这一过程中的调节作用。

第7章：结论与讨论。系统地阐述本书的研究发现和结果，并在其基础上对研究发现进行讨论，指出研究的贡献、研究的不足以及对未来的研究方向。

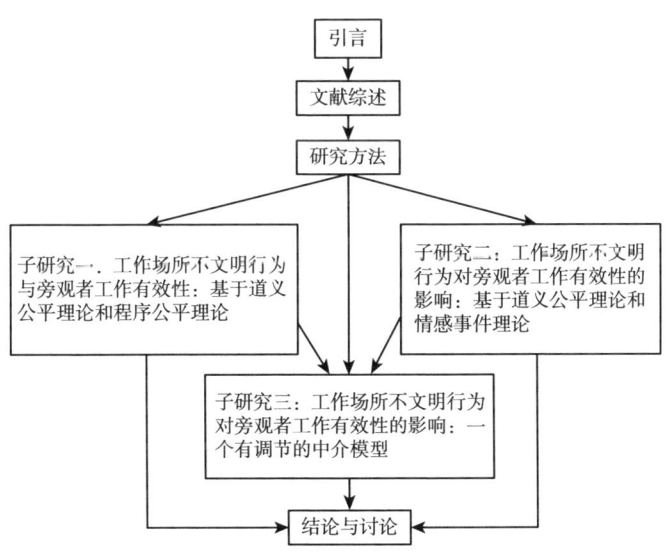

图1-1 本书的逻辑结构和内容安排

第 2 章 文献综述

2.1 工作场所不文明行为

2.1.1 工作场所不文明行为的概念和类型

工作场所不文明行为起源于 Katz（1964）对组织成员角色外行为的研究。当时，大多数研究将员工角色外行为等同于组织公民行为，忽视了组织中负向的角色外行为的存在（Robinson & Bennett，1995）。在 Robinson 和 Bennett（1995）对工作场所负向行为研究的强烈呼吁下，Andersson 和 Pearson（1999）提出了工作场所不文明行为的概念，他们认为工作场所不文明行为是工作场所文明行为的对立面，不仅是文明礼节，而且还包含个体之间的关心和尊重。作为一种职场负面角色外行为，工作场所不文明行为指违背工作场所相互尊重的人际规范、伤害意图模糊、低强度的越轨行为。工作场所不文明行为包括但不限于：打断他人的谈话、在公共场合大声说话、不回他人电话、交谈时居高临下或心不在焉、背地里闲言碎语或传播谣言、对他人的观点没有丝毫兴趣等（Pearson & Porath，2009）。相对于其他负向行为，不文明行为虽然缺乏明确、有意识的指向，似乎微不足道，但却无处不在，成为职场最普遍的阴暗面行为之一。

工作场所不文明行为作为职场阴暗面行为的一种，与其他的职场阴暗面行为如反社会行为、越轨行为、攻击行为及暴力行为等存在一定的关联。为了厘清这些构念之间的联系和区别以及更清晰地界定工作场所不文明行为的内涵。本书从概念、行为主体、受害者、伤害意图、强度等方面对比了工作场所不文明行为与其他相关概念（包括越轨行为、工作场所攻击行为、工作场所暴力行为、社会阻抑、职场排斥、反生产行为、工作场所欺负行为、互动不公平）之间的关系，如表2-1所示。

表2-1　　　　工作场所不文明行为与相关概念的关系

概念	含义	实施者	受害者	伤害意图	强度	与不文明行为的关系
工作场所不文明行为 workplace incivility	违背工作场所相互尊重的人际规范、伤害意图模糊、低强度的越轨行为（Andersson & Pearson, 1999）	领导、同事、顾客	员工	模糊	低	
越轨行为 deviant behavior	组织成员违背组织规范，并蓄意给其他成员或组织带来伤害的行为（Robinson & Bennett, 1995）	组织成员	组织、员工	可有可无	低—高	不文明行为是越轨行为子集，属于人际越轨的范畴，指伤害意图模糊的、低强度的，指向个人的越轨行为
工作场所攻击行为 workplace aggression	组织成员对其他成员蓄意实施的生理或心理伤害行为（Baron & Neuman, 1996）	组织成员	员工	蓄意伤害	低—高	不文明行为与攻击行为存在部分重叠，不文明行为也可能是攻击行为的源泉
工作场所暴力行为 workplace violence	组织成员对其他成员蓄意强烈的生理伤害行为（VandenBos & Bulatao, 1996）	组织成员	员工	蓄意伤害	高	暴力行为与不文明行为同属于攻击行为的范畴，但两者不存在交集，不文明行为不包含任何的肢体接触，而暴力行为往往强度很大，并给他人造成严重伤害

续表

概念	含义	实施者	受害者	伤害意图	强度	与不文明行为的关系
社会阻抑 social undermining	组织成员长期、蓄意地妨碍建立和维持积极人际关系、阻碍工作成功和妨碍良好名誉的行为	领导、同事	员工	蓄意伤害	低—高	社会阻抑与不文明行相比，强度更高，且行为意图很明显，是蓄意的伤害行为
职场排斥 workplace Ostracism	员工感知的工作场所被排挤、忽视和拒绝（Ferris, Brown, Berry & Lian, 2008）	组织、领导、同事、顾客	员工	模糊	低—高	不文明行为与排斥行为存在部分重叠
反生产行为 counterproductive work behavior	组织成员危害组织或组织成员利益的行为（Spector & Fox, 2002）	组织成员	组织、员工	蓄意伤害	低—高	反生产行为的强度比不文明行为更高，且包含损害组织利益的行为
暴君行为 petty tyranny	来自领导者的压迫性、报复性和任意性利用权力和权威的行为（Ashforth, 1994）	领导	员工	模糊	低	强度与不文明行为类似，可将暴君行为视为由领导者利用权力实施的不文明行为不文明行为的实施者可以是领导、同事、下属和顾客
工作场所欺负行为 workplace bullying	组织成员向一个或多个其他成员伤害行为（Einarsen & Skogstad, 1996）	领导、同事	员工	蓄意伤害	低—高	相对于不文明行为，欺负行为是蓄意的伤害行为，重复发生且持续时间长，强度更高
互动不公平行为 interaction injustice	组织程序实施过程中受到主管或其他权威人士不公平对待的程度（Bies & Moga, 1986）	领导、组织权威人士	员工	模糊	低—高	互动公平的实施者限于主管或组织权威人物，不文明行为的行为主体范围比互动不公平更广，但互动不公平行为的伤害强度范围比不文明行为更宽泛

资料来源：本研究根据相关文献整理。

第2章 文献综述

根据表2-1以及相关文献的论述（e.g. Andersson & Pearson, 1999; Lim et al., 2008），工作场所不文明行为的主要特征包括：（1）违背相互尊重的职场规范。Andersson 和 Pearson（1999）指出，由于组织成员之间需要合作，因而尊重同事应成为每个组织共有的规范。虽然不同组织对不文明行为的理解存在一定的差异，但违背相互尊重的规范在任何组织都被认为是不文明的。（2）伤害意图模糊。由于不文明行为只是在细微的、心理攻击方面与职场攻击重叠，Andersson 和 Pearson（1999）指出，个体很容易否认曾实施过不文明行为或根本不认为其行为是不文明行为，也有些个体将实施不文明行为归因为自身的无知、疏忽，甚至认为是对方误解或过于敏感所致，因而所造成的危害是偶然的，而不是故意的。此外，个体往往隐匿背后的真实意图，而采取一些微妙的、变相的攻击行为，而这些行为所造成的伤害很难判断。（3）伤害强度低。不文明行为虽然不仅限于言语欺凌，还包括一些非言语的无礼行为，如怒视、忽视或排斥对方等，但其并不涉及肢体攻击，这使相对于职场攻击行为而言，其强度更低，因此，不文明行为让受害者有"怨言"而难疏解的感觉。

由于工作场所人际交互的频繁性和持续性，工作场所不文明行为不只是偶发的单次事件，在长期的人际交互中，不文明行为可能会在深度和广度上进行演变和升级。一方面，不文明行为的实施者和受害者之间，彼此进行针锋相对的回应，矛盾不断升级导致最初低强度的越轨行为逐渐螺旋升级，演变为高强度的、伤害意图明显的越轨行为，这是不文明行为在深度上的演变（Andersson & Pearson, 1999）；另一方面，不文明行为的影响范围可能不断渗透和扩散，不文明行为不仅影响实施者和受害者，而且还对旁观者造成影响，或者某次不文明行为中的受害者变成不文明行为的实施者，转移攻击其他员工，对其他员工实施不文明行为，这是不文明行为在广度上的演变（Ferguson, 2012）。不文明行为的这种演变，可能不仅在个体层面产生影响，也会升级和扩散到团队和组织层面，作为一种氛围因素，对工作团队和组织产生影响（Griffin, 2010）。

工作场所不文明行为作为一种人际指向的越轨行为，涉及多个参与者：实施者、受害者、旁观者（即旁观者）。实施者是不文明行为中的始作俑者，根据实施者的差别可将工作场所不文明行为分为主管不文明行为、同事不文明行为和顾客不文明行为三种（详见表2-2）。其中主管不文明行为和同事不文明行为存在于组织内部的人际交互中，顾客不文明行为发生在服务交互情境中，是不文明行为由组织内部向外部拓展的表现。一些研究尝试对这三种不文明行为进行比较，Lim 和 Lee（2011）基于社会权力理论提出组织中低权力地位的个体往往更容易遭受虐待，不文明行为实施者往往比受害者有更高的地位，其实证研究发现主管不文明行为比来自同事、下属的不文明行为更频发。Ghosh, Reio 和 Bang（2013）结合组织社会化理论和社会学习理论提出同事和主管是员工在组织中获取信息和社会化的重要来源，其中主管是个体获取关于组织政策和制度以及同事的信息的主要社会信息源，对个体在组织内的社会交换关系产生重要影响，遭受主管不文明行为会阻碍受害者的组织社会化（工作知识、文化适应和关系建立），使其难以适应组织而产生离职倾向，同事不文明行为的发生促使个体停止将同事作为信息源，员工只能依赖领导获取重要的组织相关信息和进行组织社会化，由此主管不文明行为中介了同事不文明行为与离职倾向之间的关系。Sliter, Sliter 和 Jex（2012）的研究基于资源保存理论提出，遭受顾客不文明对待的员工会通过工作中的退缩行为（旷工、迟到）来保存既有资源，会因为资源的损耗而降低销售绩效，而遭遇同事不文明行为的员工即使资源被损耗也会为了防止和避免不文明行为的回旋升级而更少地参与退缩行为和降低销售绩效，同时遭遇同事不文明行为和顾客不文明行为意味着员工失去了重获资源的社会渠道，会导致员工产生更多的旷工行为和降低销售绩效。更多的研究并未明确区分主管不文明行为和同事不文明行为，而是将主管不文明行为和同事不文明行为作为组织内不文明行为的总体进行研究（e.g. Chen, Ferris, Kwan, Yan & Zou, 2013；Rosen, Koopman & Gabriel, 2016；Woolum, Foulk, Lanaj & Erez, 2017）。

  受害者是不文明行为中的被攻击方。不文明行为源自自身的感知，因而不同个体可能对同一类型的行为做出不同的判断，或对源自不同个体的相似行为做出不同判断（Montgomery, Kane & Vance, 2004）。

  旁观者（即本书中的旁观者）是并不直接参与到不文明交互中，但能察觉和感知到他人之间不文明交互的个体。他们作为第三方力量，会对不文明交互进行判断和思考，而且他们的态度和行为会影响实施者和受害者，加剧或阻碍不文明行为的发生（Reich & Hershcovis，2015），而且旁观者虽然并不直接参与到单次的不文明行为交互中，但也会受到不文明行为的影响，产生一些认知、态度、情绪或行为上的反应（Robinson，Wang & Kiewitz，2014）。

表 2-2　　工作场所不文明行为的类型

类别	实施者	特点	伤害效果
主管不文明行为 supervisor incivility	主管	自上而下的行为，主管与下属之间权力的不对称使得主管不文明行为的受害者不易实施报复，而是实行转移攻击，引发不文明行为在广度上的回旋升级	由于主管拥有一定的正式权力，能够影响员工的升迁和奖惩，伤害效果比较大，对员工的工作满意度、离职倾向、组织越轨行为等产生影响
同事不文明行为 coworker incivility	同事	包含同级同事之间的行为和自下而上的行为，由于同事是工作生活中很重要的一部分，同事不文明行为的发生十分普遍，来自某一同事的不文明行为可能也十分频繁，可能引起不文明行为在深度上的回旋升级	发生的频率高，在长期会给员工的工作满意度、情感承诺、人际越轨行为和幸福感产生影响
顾客不文明行为 customer incivility	顾客	由于服务交互的单次性，服务员工感知的来自某一客户的不文明行为可能是单次的和偶发的，但实施者和受害者之间存在权力不对称，相对不易引发不文明行为在深度上的回旋升级	员工感知很多来自顾客的不文明行为，对员工的情绪、服务绩效等产生影响

资料来源：本书根据相关文献整理。

2.1.2　工作场所不文明行为的测量

（1）问卷测量。

①以受害者视角开发的量表。

WIS（workplace incivility scale，WIS）由 Cortina，Magely，Williams 和 Langhout（2001）从受害者感知的视角开发，包含 7 个题项，采用五点式计分，考察被试累计（过去五年内）遭遇的不文明交互情况（Cronbach's $\alpha = 0.89$）。WIS 量表简洁和信度和效度较好的特点使其成为最广为使用的工作场所不文明行为研究测量工具。后续的研究中对 WIS 量表进行了多种改编,在测量视角、回顾时间、形式等方面均产生了变化,不仅从受害者的角度,而且从实施者(Trudel & Reio, 2011)和旁观者(Miner & Eischeid, 2012)的角度进行考察。在已有的研究中被用于考察主管不文明(Giumetti et al., 2013)、同事不文明(Ferguson, 2012)以及顾客不文明(Kern & Gradey, 2009)。此外,部分学者根据研究需要,对 WIS 量表的题项进行了一些增加(Ghosh, Reio & Bang, 2013)、删减或改编(Cortina, Kabat-Farr, Leskinen & Magley, 2013)。

Martin 和 Hine(2005)对 WIS 量表单维度结构能否全面覆盖工作场所不文明行为构念的范围提出了质疑,他们基于澳大利亚多行业背景从受害者感知的角度开发了包含四维度(敌意、隐私侵犯、排斥行为、负面八卦)的工作场所不文明行为(uncivil workplace behavior questionnaire, UWBQ)测量工具(Cronbach's $\alpha = 0.92$),包含 17 个题项,采用五点式计分,考察被试累计(过去 1 年内)遭遇的不文明行为。

Walker, van Jaarsveld 和 Skarlicki(2014)针对以往研究中将不文明行为视为累积现象的情况,从受害者的视角利用关键事件技术从单次事件的角度开发顾客不文明事件测量量表(event customer incivility scale, Cronbach's $\alpha = 0.90$)。该量表以加拿大保险服务员工为被试进行开发,聚焦单次的不文明行为事件,要求员工对具体的服务交互进行评价,有助于考察员工对顾客不文明行为的即时反应。

②从实施者视角开发的量表。

Blau 和 Andersson(2005)根据以往受害者视角不文明的研究和不文明行为回旋升级的特点,提出实施不文明行为是一个对理解工作场所不文明行为重要但缺失的概念,并以 WIS 量表为基础从实施者角度开发了 7 个题项的 IWIS(instigated workplace incivility scale, IWIS)测量工具(Cronbach's $\alpha = 0.89$),以四点式计分,考察被试在过去一年内实施的不文明行为,并通过验证性因子表明实施不文明行为(IWIS)、遭受不文明行为(WIS)与人际越轨行为(interpersonal deviance)(Bennett & Robinson, 2000)具有较好的区分效度。

工作场所不文明行为的测量量表如表 2-3 所示。

表2-3　　　　　　　　　　　工作场所不文明行为的测量量表

量表及开发者	编制背景	测量视角	维度结构和形式	应用
WIS Cortina, Magely, Williams & Langhout (2001)	以Andersson & Pearson (1999) 的不文明行为概念为基础，在美国联邦法院系统情境下开发，最初旨在测量不文明行为的流行程度	从实施者、受害者、旁观者三个视角进行测量，测量主管、同事和顾客的不文明行为	一维，7个题项，五点式量表，要求被试回顾过去5年内遭遇的与主管或同事交互的类似情景	最广为使用，根据研究需要选用部分或全部题项
UWBQ Martin & Hine (2005)	在澳大利亚多行业情境下进行开发，旨在全面理解工作场所不文明行为的内涵，开发一个多维度的测量工具	从实施者视角进行测量，测量来自主管和同事的不文明行为	四维：敌意、隐私侵犯、排斥行为、负面八卦，17个题项，五点式量表，要求被试回顾过去一年内的不文明行为	多维度地衡量不文明行为，有助于对不文明行为进行更细致的分类，但在随后的研究中基本未被使用
IWIS Blau & Andersson (2005)	以Cortina等 (2001) 的WIS量表为基础，从实施者的角度进行开发，在医药科技人员为被试，旨在说明实施的不文明行为是与经历的不文明行为和人际越轨行为不同的构念	从实施者的视角进行测量，测量来自主管和同事的不文明行为	一维，7个题项，4点式量表，要求被试回顾过去一年内向工作中其他人表现出不文明行为的频率	使用范围并不广泛，仅在少数的几个实施者视角的研究中被运用
Wilson & Holmvall (2013)	通过对零售和餐饮服务员工的访谈情景开发，针对利用工作场所不文明行为测量顾客不文明行为的缺陷，旨在开发一个一维的，简洁的顾客不文明行为量表	从受害者的角度进行测量测量顾客不文明行为	一维，10个题项，七点式量表，要求被试回顾过去六个月内遭遇的不文明行为	针对服务交互情景开发，针对性较强
Walker, van Jaarsveld, Skarlicki (2014)	利用关键事件技术，基于服务交互事件，以加拿大保险服务员工为被试开发，旨在从单次服务交互的事件视角研究顾客不文明行为	从受害者的角度进行测量测量顾客不文明行为	一维，4个题项，五点式量表，要求被试对具体的服务交互进行判断和评价	要求员工对具体的服务交互进行评价，有助于考察员工对顾客不文明行为的即时反应

资料来源：本书根据相关文献整理。

(2) 实验法测量。

实验法利用情景模拟测量工作场所不文明行为。当前工作场所不文明行为中实验研究的设计，主要是从受害者和旁观者的角度进行，尚未发现实施者视角的实验研究。Porath 和 Erez（2007）的研究以大学生为被试，在实验室问卷填制任务情景中操纵被试观察到的他人之间的人际交互，包括观察到主试对迟到的被试粗鲁/温和的言论、被试在询问实验地点过程中受到的粗鲁/温和对待、被试回忆被粗鲁对待的工作事件三种具体情景，分别旨在从旁观者和受害者的角度考察观察到的权威人物实施的不文明行为、遭受的不文明行为、想象的不文明行为对任务绩效和助人行为的影响，研究发现不文明行为对旁观者和受害者任务绩效、创造力和助人行为均产生消极影响。

Porath，Macinnis 和 Folkes（2010）首先模拟银行的服务交互情景，考察被试（旁观者/顾客）对服务员工之间文明/不文明的言语交流的反应；其次考察被试（旁观者/顾客）观看文明/不文明服务交互录像后的反应，发现顾客观察到员工之间的不文明交互后会对公司其他员工、公司整体及对公司的未来期望做出负面评价，愤怒情绪在观察到的不文明交互与消极评价之间有中介作用，组织中同事不文明行为造成的影响远远超过了单次事件本身。

Reich 和 Hershcovis（2015）以大学生和教职工为被试，通过虚拟小组头脑风暴任务中被试经历其他成员之间侮辱性评论/温和性评价（对不文明行为的操纵）后的情绪反应、任务评价和工作分配，面对面小组头脑风暴任务中被试作为记录者（相当于旁观者）对其他成员之间侮辱性评论/温和性评价（对不文明行为的操纵）的情绪反应和对其他成员的态度、评价及攻击性表现，旨在考察观察到不文明交互与旁观者对受害者、实施者的情绪回应，评价和工作分配的关系，研究发现旁观者给予实施者差的工作评价和消极情绪，并会伺机对其实施惩罚，并且对实施者的态度、情绪在观察到的不文明行为与对实施者评价的关系中发挥中介作用。

这两种方法的区别在于：问卷法测量的重点是被试自我报告在一段时间内经历（实施的）不文明行为的频率，对测量量表和测量程序等有一定的要求，也是当前不文明行为研究最常用的方法；实验法测量的重点是模拟实际的人际交互情景，考察被试对观察到（或经历的）不文明行为作出的反应。相对于实验法，问卷法更为简便易行，而实验法有助于考察被试在不文明行为的实际行动，而不仅仅是态度和知觉，但实验操纵中不可控因素和外生因素的作用也不可避免，而且当前的实验操纵主要采用以大学生为样本模拟真实的工作场所交互，被试的来源在一定程度上也会对信度和效度造成干扰。根据已有文献和以上分析可知，采用问卷法或实验法测量工作场所不文明行为均是可以被接受的，可以根据研究问题和实际情况进行选择。

2.1.3 工作场所不文明行为的影响因素研究

工作场所不文明行为作为组织情景内的人际交互行为，受到实施者、受害者以及组织文化特征三方面论述不文明行为的作用和影响。

（1）实施者因素。

大多数以问卷法进行调查的研究中都会对一些人口统计特征进行考察，已有研究考察了部分实施者人口统计特征对不文明行为的影响。Pearson，Andersson 和 Porath（2009）及 Reio 和 Ghosh（2009）的研究均显示，男性比女性更容易成为不文明行为的实施者。且实施者中 70% 为男性，仅 30% 为女性。年龄方面，年长者往往更少地在工作场所向他人实施不文明行为（Reio & Ghosh，2009）。个体任职年限与受教育程度与其对不文明行为的实施具有显著的负向关联。

在不文明行为的不同类型中，自上而下的不文明行为最为频发，实施者在社会地位和权力方面，往往有相对的优势（Lim & Lee，2011；Pearson & Porath，2005），在不文明行为的实施者中，高地位者的数量是地位较低者的三倍。且在自上而下的主管不文明行为中，低能力的主管更容易实施不文明行为。在组织内部，适应能力差的个体往往更多地施加不文明行为，因为工作场所适应是一个社会化的学习过程，个体通过这个过程获取与工作相关的重要信息，然后据此适应工作。由此，强适应能力的个体能更有效地进行社会化，更不容易违背工作场所规范和做出不文明的举动。

从情感事件的角度来看，情绪是员工行为的触发因素，员工的情绪状态会对其行为选择产生重要的影响。据此，学者们探讨个体情绪对其实施不文明行为的影响。研究中一致地认为，消极情绪高的个体更容易成为不文明行为的实施者（Cortina et al.，2000；Reio & Ghosh，2009）。而那些情绪智力较高的个体能更好地管理自己的情绪，妥善地处理与他人的关系，因而其更不容易实施不文明行为。Meier 和 Semmer（2013）的研究中发现，互惠信仰的缺乏，特质和状态愤怒与不文明行为的实施具有显著的正向关联，并且愤怒的情绪在互惠信仰的缺乏与不文明行为实施的关系中有中介作用。

此外，员工的工作态度和工作状态也是其行为的重要指示器。由此，在不同的研究中探究了工作满意度、组织公平感（分配公平、程序公平）、压力、工作倦怠等因素对个体不文明实施的影响，Blau 和 Andersson（2005）的纵向数据研究表明，不文明行为的实施者更可能是那些高工作倦怠、低工作满意度、低组织公平感的员工。

（2）受害者因素。

受害者是不文明行为的客体，然而在工作场所，并非所有的个体都会成为不文明行为的受害者，本书通过文献的回顾，总结出一些工作场所受害者的个人特征因素。

人口统计特征方面，Cortina（2008）认为不文明行为可被视为性别和种族方面的歧视。很多学者的研究也发现，女性更易成为不文明行为中的受害者（Cortinadeng，2001；Trudel & Reio，2011；Sliter，Withrow & Jex，2012），也有少数研究中发现男性承受的不文明行为多于女性（Lim & Lee，2011），但不可厚非的是，不同性别的受害者承受不文明行为的频率存在差别。同样，少数民族，也更容易成为不文明行为中的受害者（Cortina et al.，2001）。年龄方面，Lim 和 Lee（2011）的研究也发现，年轻员工比年老员工报告出更高水平的不文明行为受害经历。Leiter 等（2010）以医护工作者为样本的研究中发现，出生的年代也会对个体是否更多地成为不文明行为受害者产生影响，其研究证实，出生在"婴儿潮"（1943~1960年）时期的护士与1961~1981年出生（X 代际）的护士更不容易成为不文明行为中的受害者。基于 Cortina（2008）的选择性不文明行为理论和少数压力理论（Meyer，1995），Zurbrügg 和 Miner（2016）研究性别、性取向与工作场所不文明的关系，其研究发现，相比于男性，女性更多地成为不文明行为的受害者。个体的肥胖程度同样会对不文明行为产生作用，在 Sliter 等（2012）的研究中发现，肥胖与承受的不文明行为显著相关，肥胖人群（比超重人群和正常体重人群）更容易成为不文明行为中的受害者。个体的肥胖程度同样会对不文明行为产生作用，Sliter 等发现肥胖人群更易成为不文明行为受害者。

在行为的研究中，个人特质是一个不可忽视的因素。已有研究从人格特征、个人能力方面进行了探讨。在大五人格中，宜人性、外倾性和神经质被证实与不文明行为存在显著关联，宜人性和外倾性高的个体更能妥善地处理好与他人的关系，因而遭受的不文明行为较少，而高神经质的个体，往往有高水平的消极情绪，更多地遭受不文明行为（Milam, Spitzmueller & Penney, 2009）。除人格因素外，个人能力和权力地位也能影响遭受不文明行为的频率，组织中自下而上的不文明行为往往远远超过自上而下的不文明行为，低权力个体和能力较差的个体更多地成为不文明行为中的受害者（Cortina et al., 2000），工作不安全感低的个体在更容易受到发生在工作场所的不文明行为。

工作场所不文明行为作为一种工作中的人际交互，受到个体情绪、工作态度和其他工作行为的影响。个体在工作中的挑衅行为和反生产行为可能促使其成为不文明行为中被攻击的目标（Milam, Spitzmueller & Penney, 2009; Meier & Spector, 2013）。Trudel 和 Reio（2011）的研究中发现，个体的冲突管理风格与不文明行为经历显著相关，拥有主导型冲突管理风格的个体更容易成为不文明行为中的受害者，而整合型冲突管理风格的个体更少地成为不文明行为中的受害者。

（3）组织和文化特征。

工作场所不文明行为的一个典型特征是违背工作场所规范（组织规范），由此组织氛围因素（如组织规范）会对工作场所不文明行为的发生产生重大影响。Pearson 等（2000）提出，组织规范不明确的组织更易发生不文明行为。Walsh 等（2012）在进行验证工作场所文明氛围量表（CNQ-B）研究中指出，文明的工作氛围是支持文明行为，抑制不文明行为的，由此在文明氛围的工作小组规范下，员工更不易遭受来自同事或者主管的不文明行为。在 Griffin（2010）尝试在组织层面研究不文明行为的研究中指出，不文明能够弥漫至和定义为组织环境，成为一个组织氛围因素，形成工作小组的共享压力源，且调节个体经历的不文明行为与留任意愿之间的关系。

也有学者将领导风格因素视为组织环境或组织氛围，探讨不同领导风格对不文明行为的作用。一般认为，积极的领导风格会阻碍不文明行为的发生，消极的领导行为会推动工作场所不文明行为。Harold 和 Holtz（2014）从社会互动的视角对不文明行为"针锋相对"的回旋升级过程进行实证考察，其包含两个配对样本（员工—领导配对、员工—同事配对）的研究结论显示，领导的消极领导风格对个体实施的不文明行为具有直接和间接的效应，消极领导风格与个体承受的不文明行为显著正相关，与个体的不文明行为实施正相关，并且个体承受的不文明行为中介消极领导风格与个体实施不文明行为之间的关系，消极领导风格调节承受的不文明行为与实施的不文明行为的关系，消极领导风格越强，这一正向关联也越强。Lee 和 Jensen（2014）在其研究中同时考察积极领导行为与消极领导行为对不文明行为的作用，也印证了消极领导行为对不文明行为的促进作用，公平感知在消极领导行为——不文明事件关系中的部分中介作用和积极领导行为——不文明事件关系中的完全中介作用。Taylor 和 Pattie（2014）以美国公立学校教师和职工为样本研究伦理性领导对工作场所不文明行为的作用机理，其研究结论是：领导的伦理性领导风格与员工对工作场所不文明行为的实施显著负相关，而且与社会学习理论的逻辑一致，员工的核心自我评价和尽责性调节这一负相关关系，当员工的尽责性和核心自我评价高时，这一负相关关系更弱。

组织虽然并不会对不文明行为实施正式程序的惩罚，但可以通过一些培训或者文明行为的干预措施对不文明行为的发生产生影响。Leiter 等（2011，2012）考察了组织文明干预措施的有效性，其通过纵向数据表明，一个为期 6 个月的文明干预项目能够显著降低由主管实施的不文明行为，但对同事施加的不文明行为并无显著影响。且在干预项目实施一年的时候对主管不文明行为的抑制作用最强。

组织变革以及相关结构性事件也会对工作场所不文明行为的发生形成影响。特别是一些容易引发员工工作不安全感的因素，会引发组织内不文明行为的发生，如裁员、组织变革组织流程的变化等（Vickers，2006；Andersson & Pearson，1999）。

2.1.4　工作场所不文明行为对旁观者的影响研究

工作场所不文明行为作为在工作情景下发生的人际交互，往往会被他人所察觉，并对旁观者产生作用，正如 Ferguson 和 Barry（2011）所言，不文明事件在旁观者中的传播使这种消极影响从个人事件蔓延至更广泛的组织成员中。越来越多的学者呼吁和从旁观者的角度认识不文明行为的影响，已有研究对此进行了一定的尝试和探索，发现观察到的不文明行为会影响旁观者的情绪、认知和行为等方面（Porath & Erez，2009；Totterdell，Hershcovis & Niven，2012；Reich，Hershcovis，2015）。

工作场所不文明行为作为一种负向的职场人际交互，会对并不直接参与其中的旁观者造成情绪上的伤害和困扰，往往会令旁观者产生消极情绪，在 Totterdell，Hershcovis 和 Niven（2012）以医院职工为样本的研究中，观察到的不文明行为会引发员工的消极情绪反应；Miner 和 Eischeid（2012）根据相似吸引理论，用问卷调查法研究旁观者在观察到与自己性别相同的个体遭受不文明行为之后会产生更多的消极情绪（愤怒、低落、恐惧、焦虑），并且男性员工在目击男性的不文明遭遇之后产生的消极情绪状态要比女性目击者的情绪反应更强烈。不同性别的旁观者也会对他人的不文明遭遇做出不同的反应。女性旁观者会认为工作场所他人的不文明行为不合时宜（inappropriate）。旁观者的健康状况同样会受到其观察到的不文明行为的影响，特别是在女性遭受不文明行为的状况下，Miner-Rubino 和 Cortina（2004）的研究中发现，当旁观者观察到女性受到不文明对待时，其健康满意度会下降。Miner-Rubino 和 Cortina（2007）的研究同样探讨旁观者对女性不文明遭遇的反应，其研究结论显示，观察到的女性被不文明对待的频率越高，旁观者的心理幸福感、生理健康和工作满意度就越低。不文明行为也会对旁观者的行为产生影响，引发旁观者的工作退却行为（Miner-Rubino & Cortina，2004），降低员工的工作绩效和助人行为。Porath 和 Erez（2009）首次通过实验法考察不文明行为中旁观者反应，研究表明权威人物和同事实施的粗鲁行为会降低旁观者在常规性任务和创造性任务中的绩效，并且与受害者在稀缺资源上的竞争在观察到的粗鲁行为和绩效的关系中有调节作用。更多的研究则关注的是旁观者针对不文明行为实施者和受害者的行为反应，例如，Reich 和 Hershcovis（2015）在两个子研究中探讨旁观者对不文明交互中实施者和受害者的反应，其研究发现观察到的工作场所不文明行为会引发旁观者对实施者的消极情绪，并给予实施者更差的评价，分配给其更差的工作；Herschovis 和 Bhatnagar（2017）通过三个实验考察目睹到顾客对服务员工的粗鲁行为（不文明行为中的一种）之后，旁观顾客会对实施者更少地展现出积极对待意向和更多的报复行为意向，对受害的员工给予更多的支持、留下更多消费和做出积极的评价。

2.1.5 工作场所不文明行为的作用机制

工作场所不文明行为究竟通过哪些路径和机制发挥作用，本书结合相关理论与实证研究成果，归纳了其主要作用机制。

（1）社会交换理论的视角。

从本质上看，工作场所不文明行为是一种人际交互行为，因而社会交换理论和互惠准则也成为解释实施者和受害者反应的重要理论框架。Wu 等基于互惠提出个体的敌意归因偏差和负面互惠信仰会加剧不文明行为对人际越轨行为的作用，敌意归因偏差和负面互惠信仰调节经历的工作场所不文明行为与人际越轨行为之间的关系，在高敌意归因偏差和高负面的互惠信仰的情况下，不文明行为与人际越轨行为之间的关系最为强烈。工作场所不文明行为在深度上的回旋升级也是出于社会交换的角度，考察实施者和受害者之间针锋相对的交互行为。学者们进行实证研究验证了不文明行为参与方之间针锋相对的回应。van Jaarsveld 等（2010）考察服务员工与顾客的交互行为，发现顾客不文明行为与员工针对顾客的不文明行为具有显著的正相关关系，且在这一关系链条中，员工的工作要求和情绪耗竭具有连续的中介效应。

（2）组织公平理论的视角。

从组织公平的视角来看，一方面，员工在职场人际交互中的不公平感知能够预测其针对不公平来源的行为，由此不文明行为可能是员工为了从违背道德和社会准则的不公平情景中储存和恢复公正感的一种报复行为；另一方面，工作场所不文明行为中的受害者，遭遇到来自他人低质量的人际对待，内心的公平感逐渐上升。即公平感知是不文明行为实施者实施不文明行为的前因，也是不文明行为受害者或旁观者遭遇不文明行为之后的认知后果。

组织公平理论在旁观者视角下的研究主要体现在公平道义理论上。该理论认为，人们关注公平，并非出于自我利益的考虑，而是出于道德责任和公平本身，人们具有追求公平的内在动机，即使这样的行为存在成本。该理论常被用于基于旁观者视角的研究中。不文明行为的旁观者会对自己感知但未参与的不公正行为作出消极的情绪回应，甚至会对不公平行为实施者进行惩罚。Reich 和 Hershcovis（2015）的实验研究显示，在不同的不文明行为操纵情境下，旁观者都会对通过给予消极评价，进行更差的任务分配等惩罚实施者。

（3）情感事件理论的视角。

情感事件理论也是不文明行为受害者或旁观者视角研究中常用的理论。工作场所不文明行为的经历作为一种消极的工作事件，一方面能够直接引发员工的情绪反应，另一方面会通过员工情绪的变化间接驱动员工情绪回应。Sakurai 和 Jex（2012）基于以情感为中心的工作行为模型指出在控制了消极情绪特质、初始的消极情绪后，受害者经受的同事不文明行为与其即时的消极情绪仍然显著相关，且消极情绪中介同事不文明行为与受害者工作投入和反生产行为的关系。Hershcovis 和 Bhatagar（2017）的研究发现，目睹到同属顾客的不文明行为会引发旁观者愤怒和同情，并诱发其对顾客的报复行为和对员工的帮助行为。

（4）社会认知理论视角。

认知的视角关注不文明行为各个参与方对不文明事件的认知、评价及由此产生的结果。从概念来看，不文明行为强度低、伤害意图模糊的特点导致对不文明行为不同的认知的评价，由此引发不同的后果和反应。

情绪的认知评价理论在认知视角的不文明行为研究中具有重要地位和影响。Miner 和 Eischeid（2012）的研究提出，在旁观者感知到同事不文明行为的发生之后，会在初评过程中评估不文明事件中的受害者与自己的相似性，进而产生消极情绪（初评的结果），在次评的过程中评估自己能否应对这样的状况，继而产生工作相关的结果。然而其在实际的模型检验中并未考察完整的情绪认知评价理论模型，只是验证了旁观者感知的同事不文明行为与其消极情绪直接之间的关系，考察旁观者与不文明行为受害者性别相似性的调节作用。

社会学习作为一个重要的认知程序也被用于不文明行为旁观者视角的研究。旁观者目睹或者察觉到工作场所不文明行为之后，其自身的行为往往会受到影响。不文明行为作为低强度的人际越轨行为，在组织中并不被明令禁止，也不存在固有的惩罚程序，因而旁观者可能会认为不文明行为是组织内可被接受的行为，而进行模仿，这也是不文明行为在广度上回旋升级的表现。

(5) 资源损耗理论的视角。

资源损耗的视角关注的是资源保存理论和自我损耗理论在不文明行为研究中的运用。

Sliter 等（2012）基于资源保存理论提出，同事不文明行为和顾客不文明行为作为职场压力源，会对员工资源造成影响。在与粗鲁、无礼的同事、顾客的交互中，员工的认知和情绪资源会逐渐被损耗，激发员工保存既有资源的动机。为了避免资源的实际损耗和资源损耗的威胁，员工会采取退缩行为，并降低工作绩效，其实证研究结论表明，同事不文明行为与员工的旷工行为显著正相关，顾客不文明行为能显著影响员工的退缩行为（旷工、迟到）和服务绩效，同事不文明行为调节顾客不文明行为与迟到行为和服务绩效之间的关系。

资源的自我损耗理论则更多地考察个体资源损耗的后果。该理论指出，人们具有有限的资源（精力和注意力）用于承担需要自我控制的活动。当个体的自控状态过度损耗时，会出现精神疲惫和损耗的状态，导致个体难以集中精力，个人毅力和行动意志力也会由此下降，进而影响后续的行为和绩效。Taylor and Kluemper（2014）发现，当个体面临资源的损耗、存在冲突的工作要求时，其会倾向于以鼓励他人粗鲁、无礼对待自己的方式展现自身的行为，其工作场所不文明行为感知会提升，并采取其他强烈的工作场所攻击行为。

2.1.6 工作场所不文明行为研究述评

工作场所不文明行为自 1999 年被 Andersson 和 Pearson 提出，经过二十年的发展,相关研究已趋于成熟,成为职场负向行为研究领域重要的研究主题,已有从实施者、受害者和旁观者三个视角,以及不同的理论视角考察其影响因素和作用机制,取得了较为丰硕的研究成果,形成了较为明显的发展趋势以及亟待考察的方向。

(1) 基于不同文化情景考察工作场所不文明行为的影响。

工作场所不文明行为的概念和研究起步于西方,其本质是复杂的,最突出的特点在于低强度,但对行为强度的认知因人而异,个体对不文明行为的认知受到文化、组织情境等的影响,在东西方文化背景下,工作场所不文明行为的内涵、诱发因素和影响后果可能也存在差异,当前工作场所不文明行为的研究大多基于西方文化情景,而实际上,东方文化特征,如中庸思维、集体主义、高权力距离、面子等均可能会影响参与者对不文明行为的反应。如中国人的人情观、面子观这些根深蒂固的"人情世故"必然会带到工作场所中来(靳宇倡,2010),表现为旁观者对不文明行为表面上的"容忍",加之中国文化强调以和为贵塑造了个体"隐忍"和"宽容"的性格,使员工不太可能对所观察到的不文明行为作出直接的表态和行为反应。但同时受集体主义导向价值观的作用,中国员工关注工作场所他人的遭遇,并会深受其影响(Li, Luo & Zhan, 2018)。未来的研究需要结合东方文化特征考察工作场所不文明行为的作用,或进行工作场所不文明行为的跨文化比较研究。

(2) 不同理论视角的整合与比较。

当前研究基于社会交换理论、组织公平理论、情感事件理论、社会认知理论和资源损耗理论等理论视角全面解读了工作场所不文明行为对实施者、受害者和旁观者的影响因素和影响后果。这极大地丰富了工作场所不文明行为研究领域成果,但不同理论视角的研究中影响后果存在严重的重叠,如情感事件理论和组织公平理论视角的研究均发现,工作场所不文明行为通过影响员工的情绪或公平感知负向影响员工的工作满意度和生活满意度,正向影响员工的越轨行为,未来的研究可以尝试整合相关的研究,比较不同理论机制解释力的差异和特点。同时,不同理论视角在对不文明行为进行解读时存在的局限可以通过整合来避免,综合组织特征和社会角色视角可以更全面地探讨资源损耗的动态变化和情景,个体认知和情感态度理论视角研究的结合有助于考察个体认知评价引发的即时情绪变化对情感事件链条的动态影响。

2.2 员工工作有效性

组织工作的有效性、团队工作有效性均取决于个体员工的工作有效性（蒋琬，2015）。长期以来学者从多种角度来考察团队或组织工作有效性，主要的考量指标包括认知（如团队创造力）、情感（如团队满意度）和行为（如角色内绩效，工作绩效等）（Mathieu，Maynard，Rapp & Gilson，2008；赵祁和李锋，2016）。其中既包含团队工作结果的实现过程（如团队创造力），又包含团队工作的结果（绩效）。与之相对应的，对员工工作有效性的考察也包含认知、情感和行为的成分，以及对个体工作的过程（创造力，Shin & Zhou，2007）和结果（工作绩效，Liden et al.，2006）的考量。已有的员工工作有效性研究亦遵循这个思路，如蒋琬（2015）将员工在工作中所展现的创造力作为员工实现工作有效性的过程和方式，将员工的工作绩效视为员工工作有效性的后果。本书遵循这一研究传统，从过程和结果的角度考察员工个体工作有效性，用员工创造力和工作绩效情况来衡量员工个体工作有效性。

2.2.1 员工创造力研究综述

（1）员工创造力的概念与理论模型。

创造力作为一种几乎适用于所有领域的重要技能，自20世纪90年代被引入组织行为研究领域以来就一直是长盛不衰的研究主题（Prabhu，Sutton & Sauser，2008）。

根据Amabile（1988），创造力指个体提出新颖而实用的想法的能力。富有创造力的想法对于组织而言不仅是新颖的，而且是有贡献和有价值的（Shalley，Zhou & Oldham，2004）。员工创造力不仅是组织创新的先决条件（Joo，McLean & Yang，2013），也是组织保持竞争优势的关键（George & Zhou，2001；Lev，2004；Sternberg & Lubart，1999），对于组织的生存和发展具有重要的意义和价值。

在以往的研究中，创造力可以被定义为个性、结果或者过程（Zhou &

Shalley,2003)。作为一种个性特质,创造力是某些特定人群拥有的特质;作为结果,创造力通常被描绘为新颖而实用的想法,产品或解决方案的产生(George,2007;Zhou & George,2001);同时创造力也是这些新颖的想法、产品或解决方案产生所经历的特定认知过程(Anderson,Potočnik & Zhou,2014)。

创造力研究中主要的理论基础来自 Amabile(1888)所提出的创造力组成理论。该理论建立在两个假设和基础上:①个体创造力的要求与组织创新的要求具有高度同态性;②个体创造力与组织创新密不可分,个体创新和团队创新为组织创新提供了基础,缺乏员工的创造力,组织创新就缺乏实施的基础,犹如无水之鱼。该模型描绘了个体层面和组织层面创造力的组成(见图2-1)。在个体层面,个体创造力的三个组成成分包括:创造力的内在动机、创新相关的过程和任务领域的技能。组织创新的三个组成是:创新的动机、创新管理技能和任务领域的资源。同时,该模型也描绘了外部环境对组织创新的作用以及组织创新与个体创造力之间的关联,个体/群体的创造力对组织创新有推动作用,而组织工作环境也对个体/群体的创造力产生影响。

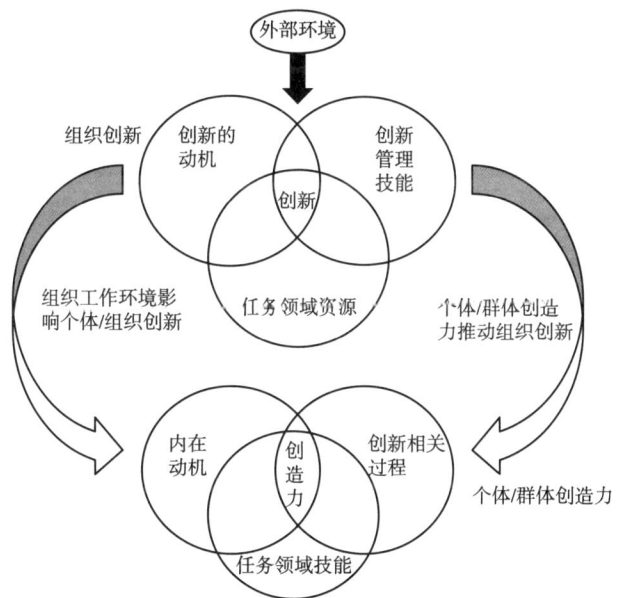

图 2-1 创造力组成理论模型

资料来源:Amabile,T. M. A Model of Creativity and Innovation in Organizations. Research in Organizational Behavior,1988,10:123-167.

Amabile 和 Pratt（2016）在对创造力相关新近成果进行整合的基础上，对其 1988 年提出的创造力组成理论进行了完善和补充，提出了动态的创造力组成理论（见图 2-2）。动态的创造力组成理论模型相比于创造力组成理论模型的区别主要体现在：①创造力的三个组织组成构成了影响个体模型中创造力组成的工作环境，尽管在 1988 年的初始模型中也有涉及，但并未进行明确地标记和强调；②强调了外部影响，以及外部影响对工作环境的作用，强化了外部环境对组织创新成分和组织工作环境的作用；③强调了组织成分三者之间更为紧密的联系，三个成分之间的乘号表明，这三个成分对组织创新都是必不可少的，任何一个成分的缺失都将不会产生创新，并且每一个成分越多，最终的创造性产出也可能就越大。

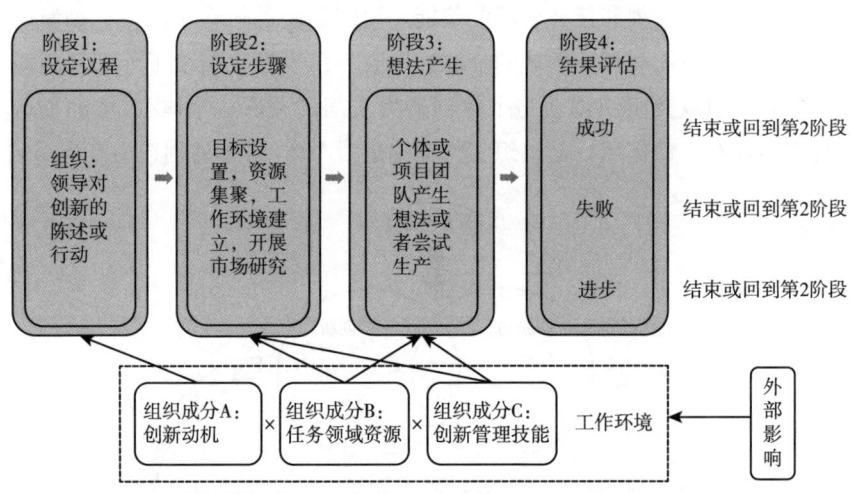

图 2-2 动态的创造力组成理论模型

资料来源：Amabile, T. M., & Pratt, M. G. The Dynamic Componential Model of Creativity and Innovations: Making Progress, Making Meaning. Research in Organizational Behavior, 2016, 36: 157 – 183.

（2）创造力的测量。

创造力研究在组织行为学研究领域突出的地位和相关研究的丰富化为创造力测量提供了多种可能。已有研究用实验研究、问卷调查和客观评价等方式测量员工的创造力。

①创造力的实验测量。用实验法测量创造力的研究由来已久，早在 1991 年 Shalley 等在研究中要求被试假设自己是制造企业的人力资源经

理，针对一些人力资源管理的问题提出解决方案，由专家团评价其所提出的解决方案的创造力作为被试创造力的得分。近年来的研究尝试用经典的心理学实验来测量创造力，如 Gino 和 Ariely（2012）文章中的一个子研究采用了 Duncker（1945）的经典蜡烛问题实验测量被试的创造力，具体的操作包括：给被试展示一张图片，图片中桌上有一支蜡烛、一盒火柴、一盒铆钉。这些东西都靠着一面硬纸板墙。给被试三分钟的时间，要求其使用桌上某一样物品将蜡烛固定在墙上，使其既能正常燃烧又不会滴蜡在桌子或地板上。对员工创造力的评估是其是否能够准确地找出正确的解决方案。

②创造力问卷测量。组织行为学领域创造力研究更多的是通过问卷调查的方式进行。在近二十年的创造力研究中涌现了一些具有良好测量学属性且被广为使用的测量工具。

Oldham 和 Cummings（1996）在对员工创造力在个人和组织情境中影响因素的研究中开发了 3 个题项的员工创造力测量工具，由领导对员工在工作中的创造性表现。该量表较为简洁，也表现出良好的信效度（Cronbach's α = 0.90），代表性题项包括"此人的工作成果是既有适应性而又实用的"。该量表在后续的研究中得到了一些使用或者改编。如 Gong, Huang 和 Farh（2009）通过对中国台湾保险销售员工的焦点小组访谈扩充了该量表，新增了 4 个题项（Cronbach's α = 0.93），如"此人常常发挥创意，通过不同的方法与管道开发客户"。Farmer, Tierney 和 Kung-Mcintyre（2003）也提出一个较为简洁的 4 个题项员工创造力量表（Cronbach's α = 0.92）。量表题项包括"我的下属率先尝试一些新的想法或方法"。该量表已被学者在中国情境下使用（张鹏程、刘文兴、廖建桥，2011），显示出良好的信效度。本书即采用该量表测量旁观者创造力。

除了他评的创造力量表之外，有些研究尝试用自评的方式测量员工创造力。如 Ng 和 Lucianetti（2015）根据员工创造力的过程开发了包含创意产生、创意传播和创意实施三个维度的员工创造力量表（Cronbach's α = 0.79~0.87）。Zhou 和 George（2001）同样从三个方面测量员工创造力，根据创造力组成理论中的成分从创造性思维技能、内在动机和领域专门知识三个方面测量员工创造力（Cronbach's α = 0.96）。代表性题项包括"是创造性想法好的来源"。

除了采用主观评价（主要是由主管评价）的方式衡量员工创造力之外，一些研究尝试用使用客观的指标评价创造力，如 Liao，Liu 和 Loi（2010）的研究由人力资源部门通过技术员工在过去六个月内得到的技术创新津贴的数额来推断和衡量员工在工作中的创造力表现。

在实验法、问卷调查和客观数据考察这三种测量员工创造力的方式中，问卷调查法操作上最为简便，也最广为使用。实验法和客观数据研究虽然看似更为优化，但也存在客观的局限性，如外部效度低、与实际组织工作情景存在偏差等。本书结合研究问题和调研企业实际情况，采用问卷法测量员工在工作中的创造力表现。

（3）创造力的影响因素。

根据 Zhou 和 Hoever（2014）创造力研究经历了考察个体差异（个体特征因素）到更为系统地考察个人与情景互动的过程。同样，以往的研究发现员工创造力主要受到个体、团队和组织层面多个因素的作用。本书结合研究主题和研究问题，从以人为中心的员工创造力研究和以组织情境为特征的创造力研究两个方面介绍员工创造力的影响因素。

①以人为中心的创造力研究。以人为中心的创造力研究首先关注的是人格特质对创造力的影响。如主动性人格（Gong et al.，2012）、大五人格（Raja & John，2010）、自我概念（创造力自我效能感，Tierney & Farmer，2011）等。

Gong 等（2012）从心理安全的视角提出具有主动性人格的个体往往期待变革并会为此准备更多的资源，在组织中积极寻求信息交换，这种资源储备和信息交换为创造力提供了更多的心理安全并发展了信任关系，最终提升个体的创造力。Raja 和 John（2010）在考察人格特质和工作范围对角色内绩效、公民行为和创造力影响的研究中发现，大五人格中的经验开放性与创造力存在直接关联，高经验开放性能够促进员工创造力的提升。Tierney 和 Farmer（2011）以自我效能感相关研究为基础，通过在组织情境中为期 6 个月的纵向研究发现，员工创新自我效能感与其创造力的提升具有显著的正相关关系。

遵循创造力组成理论的论证逻辑，大量的研究开始考察内在动机对创造力的影响。如 Grant 和 Berry（2011），其研究发现内在动机与员工创造力具有较强的相关关系，并且两者之间的关系受到亲社会动机的调节作用，在亲社会动机高时，两者之间具有显著的正向关联。除考察内在动机与创造力的直接关联之外，学者们还尝试揭开内在动机与创造力关系的内在机制，如 Mueller 和 Kamdar（2011）的研究发现内在动机通过帮助寻求间接影响员工创造力。

员工的情绪也是创造力的重要影响因素。无论是笼统的消极情绪、积极情绪还是细化的具体情绪（如乐观等）都能影响员工创造力。Bledow，Rosing 和 Frese（2013）考察消极情绪、积极情绪及两者的交互对员工自我报告创造力的影响。其研究显示，在员工一天中，早晨的消极情绪和下午的积极情绪的交互对其当天的创造力有预测作用，下午的积极情绪体验对员工创造力有更积极的作用，特别是在员工早晨的消极情绪较高时。

②以组织情境为特征的创造力研究。在创造力研究的发展中，学者们逐渐意识到创造力并非仅由个体因素决定，也受到组织情境因素的作用。研究中逐步开始考察工作任务、工作环境（包括同事、领导等）等组织情境特征对员工创造力的影响。

在大量的考察工作任务对创造力影响的文献中，逐渐产生"创造力作为任务和工作特征的函数"的观点。其主要考察了工作控制、工作程序化、时间压力、团队成员对团队身份相对重要性的理解等任务和工作特征对员工创造力的影响。Ohly，Sonnentag 和 Pluntke（2006）的研究考察程序化和工作特征对员工创造力和主动性行为的影响，研究发现，工作控制、工作程序化对员工创造力有显著的正向预测作用，并且工作中适当的压力有助于提升员工创造力，过少或过多的压力则会阻碍员工创造力的提升。Madjar 和 Shalley（2008）发现相比于其他多重任务的情况，当员工在多项任务都有目标以及对多项任务有自主决定权时能够展现出极高的创造力。

组织中除了任务和工作特征能影响员工创造力之外，领导、同事等被认为是更能影响员工创造力的因素。已有研究考察了多种领导风格对员工创造力的影响，如变革型领导、交易型领导、伦理型领导以及负向的领导行为辱虐管理、主管不文明行为等的作用。例如，Gong 等（2009）的研究中发现变革型领导通过创造力自我效能感的中介作用对员工创造力产生积极的影响。Jiang 和 Gu（2016）的研究以社会信息处理理论和社会比较理论为基础，发现领导的辱虐管理行为通过降低员工心理安全而削弱员工工作中的创造力。

有少量的研究考察了工作场所不文明行为对员工创造力的影响。Hur，Moon 和 Jun（2016）以韩国酒店员工为样本，基于创造力的组成理论和情感事件理论考察同事不文明行为和顾客不文明行为对服务员工创造力的作用，其研究发现同事不文明行为和顾客不文明行为作为工作场所压力源对员工的情绪资源和认知资源形成损耗，通过减少员工的内在动机和造成员工情绪耗竭进而损害员工创造力，内在动机和情绪耗竭在同事不文明行为、顾客不文明行为与服务员工创造力的负向关系中发挥链式中介的作用。Sharifirad（2016）指出主管不文明行为所展现的对员工支持的缺失、内在动机的减少和诱发消极情绪三个方面特征会扼杀员工创造力的表现，并进而阻碍团队创新绩效的提升，在主管不文明行为与团队创新绩效的负相关关系中，员工知识共享发挥中介作用。除以上受害者视角下工作场所不文明行为对员工创造力影响的研究之外，Porath 和 Erez（2007）的研究聚集多个参与者的视角，其研究发现权威人物实施的不文明行为，观察到的不文明行为及想象的不文明行为均会造成员工的认知干扰，并进而影响员工在常规性任务和创造性任务中的表现。

2.2.2 工作绩效研究综述

员工工作绩效长期以来都是组织管理实践和组织管理研究中最关注的重要指标之一。本书结合研究问题和研究目的对员工工作绩效的概念、测量和影响因素进行阐述。

（1）工作绩效的内涵。

绩效的英文是"performance"，可被翻译为表现、性能和绩效。已有的研究从结果、行为或两者综合的视角认识和界定绩效。将绩效界定为结果的研究强调结果是最优的绩效评价依据（French & Seward，1983），认为绩效是个体在一段时间内在特定的活动和职责范围内的结果（Bernardin & Beatty，1984）。将绩效界定为结果虽然很直观和简便易行，但容易忽视一些个体不可控因素，如整体市场环境、经济情况等对个体绩效的影响

(Motowidla，2003），由此学者们尝试从行为的视角来界定绩效。Rotundo 和 Sackett（2002）明确指出绩效是个体对组织作出贡献的行为。基于行为的观点难以界定行为与组织表现的相关性和是否对组织有明确的贡献，由此学者们结合结果和行为的观点对工作绩效进行综合界定。如付亚和、许玉林（2003）提出绩效是基于社会分工承担的责任，是组织期望的结果。

本书认同绩效的综合视角，认为绩效不仅包括员工工作的实际结果也包含工作行为。结合绩效的二维结构模型，从任务绩效和关联绩效两个方面全面认识绩效（Tsui et al.，1997）。认为员工工作绩效即员工实现组织目标的程度（Campbell，1993），是与关联绩效相对应的概念。前者更多地体现于岗位的联系，即表现在职责范围内，而后者可能是角色外的。两者互为补充，密切关联（见表2-4）。

表2-4 工作绩效与关联绩效的关系

项目	关联绩效	任务绩效
导向性	过程、行为导向	结果导向
目的	完成任务，关注长远发展和变化	完成任务
强调内容	长远发展、维护长期的关系	按时按量地达成工作要求
是否角色内	否	是
关系	互为补充，相互关联	

资料来源：本书根据相关文献整理。

（2）工作绩效的影响因素。

本书结合新近的工作绩效研究以及绩效结果和行为综合的视角，从个体因素和外部环境两个方面考察工作绩效的影响因素（见图2-3）。

现有研究考察了人格特质、知识、能力和动机等个体因素对员工个体工作绩效的影响。如姚若松、陈怀锦和苗群鹰（2013）以公交行业一线员工为样本的研究发现，大五人格中尽责性与工作绩效显著正相关，外向性与工作绩效显著负相关。这与以往研究保持了一致性，说明尽责性是员工工作绩效较为稳定的评价指标（Thoresen，Bradleya，Bliesec & Thoresen，2004）。

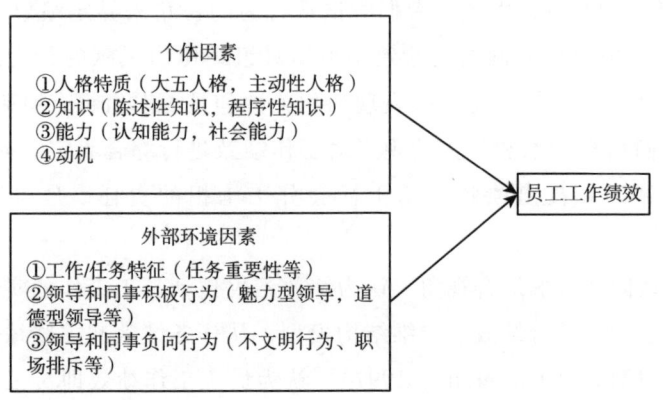

图2-3 个体层面员工工作绩效影响因素

资料来源：本书根据相关文献整理。

新近的研究发现，员工与工作相关的人格特质（包括尽责性和经验开放性）能通过感知工作意义间接作用于员工工作绩效，而且这一中介作用受到变革型领导的调节作用，在变革型领导低时，这一关系更为显著（Frieder, Wang & Oh, 2018）。早在1990年，Campbell就提出陈述性知识和程序性知识对员工工作绩效影响的理论模型，而McCloy, Campbell和Cudeck（1994）以美国军队士兵为样本的实证研究结果显示，个体拥有的陈述性知识、程序性知识以及个体的动机等都能显著预测其工作绩效。

在影响员工工作绩效的外部环境因素方面，已有研究考察了多种领导风格的作用，如道德型领导（Bouckenneghe, Zafar & Raja, 2015）、变革型领导（Chen, Yuan, Cheng & Seifert, 2016）。除了这些对员工工作绩效产生正向影响的外部环境之外，已有研究还发现了职场排斥、工作场所不文明行为等对员工绩效的作用。Steinbauer等基于自我调节理论的研究发现，具有较高内在动机且遭遇职场排斥的员工会通过设置目标、自我报酬策略、自然报酬策略和自我讨论四种方式进行自我领导并由此提升自身的工作绩效。

已有研究对工作场所不文明行为与员工工作绩效的关系进行了一定的考察。例如，Sliter, Sliter和Jex（2012）的研究发现，顾客不文明行为会显著削弱话务员的工作绩效，特别是当话务员同时遭遇同事、顾客的不文明对待时。Chen等（2013）的研究则从个体自我提升的角度提出不文明行为会减弱受害者的工作投入，进而削弱员工在工作绩效方面的表现，并且对于自恋水平高的员工，不文明行为通过工作投入对工作绩效的间接作用更强。Giumetti 等（2013）则从资源的角度提出员工在邮件交流情境中受到的网络不文明对待（workplace cyber incivility）会通过降低员工的能量（energy）而对员工工作绩效产生消极影响。

2.3 组织公平

本书根据研究问题和研究目的，分别对组织公平理论中基于公平道义论模型的道义公平和基于公平工具主义和人际关系模型的程序公平进行介绍，并汇总和分析组织公平理论与工作场所不文明行为的相关研究。

2.3.1 道义公平文献综述

（1）道义公平的概念与实现模型。

长期以来，公平问题都是组织行为研究和组织管理实践中长盛不衰的主题。组织公平相关研究起源于 Adams（1965）所提出的公平理论（equity theory）。随着公平理论的发展，涌现出一些新的相关理论，如公平的"工具主义模型"（instrumental model）以及公平的"人际关系模型"（interpersonal model）。"工具主义模型"认为，人们关心公平是源于自利的动机，因为公平能够帮助个体得到理想的结果（Greenberg & Folger, 1983; Thibaut & Walker, 1975, 1978; Tyler, 1987）。"人际关系模型"则认为人们关心公平源于个体在群体中获取社会关系和社会支持的需要（Lind & Tyler, 1988; Tyler & Lind, 1992）。前者反映了公平自我服务（self serving）的本质特征（Thibaut & Walker, 1975），Cropanzano, Goldman 和 Folger（2003）也认为公平"工具主义模型"对公平的强调是从经济或者准经济型自利（economic or quasi-economic self-interest）方面进行的。后者则从关系利益（relational interests）方面强调公平帮助个体获取群体地位、归属感等（Lind & Tyler, 1988; Tyler & Blader, 2000）。

随着管理研究和实践的深入，学者们对公平的"工具主义模型"和

"人际关系"模型提出了质疑,认为其并不能完全解释公平相关的问题(e.g. Güth et al., 1982; Kahneman et al., 1986; Floger, 1998)。Cropanzano, Goldman & Folger(2003)直接指出公平的"工具主义模型"和"人际公平模型"具有浓厚的自我中心主义的色彩(Cropanzano, Goldman & Folger, 2003),忽视了道德义务在人们公平性行为和公平反应中的作用。Floger(2001)在公平的研究中引入道德的作用,提出了公平的"义务论模型"(deontic model),该模型指出人们产生公平的行为以及对不公平的现象或行为作出消极的反应可能源于道德本身(Cropanzano et al., 2003; Folger, 1998, 2001; Folger, Cropanzano & Goldman, 2005)。公平的"义务论模型"指出坚持公平的原则是源于该原则与个体内在的自我概念和价值观的一致性,人们通过公平的行为和对不公平的负面反应来表现自身的信念,这样的公平并不是源于自我利益的考虑,公平本身也可以成为人们坚持公平的目的(Beugré, 2010),至此,道义公平作为一种新的公平理念应运而生。

公平三类模型的比较如表2-5所示。

表2-5　　　　　　　　　　公平三类模型的比较

模型名称	主要研究者	主要观点
工具主义模型 (instrumental model)	Thibaut & Walker (1975, 1978)	个体因为能够得到理想的结果而关心公平,反映了公平自我服务的本质
人际关系模型 (interpersonal model)	Greenberg & Floger (1983) Lind & Tyler (1988) Tyler & Lind (1992)	公平作为个体实现经济利益的一种方式或方法 人们因为能够获得群体地位或者人际关系方面的利益而关心公平,反映了公平对群体价值的作用
义务论模型 (deontic model)	Folger (1998, 2001), Cropanzano 等 (2003)	公平作为个体实现群体价值的方式或方法 个体对公平的关注出于道德义务和道德责任 公平本身就是一种目标而不是实现目标的方式或方法

资料来源:本书根据相关文献整理。

从概念上看,道义公平研究领域普遍认可 Floger(2001)提出的概念,认为道义公平是一种道德美德（moral virtue），是内化在个体心中的道德义务和道德责任，个体根据这些内化的道德义务和道德责任作出公平与否的判断和公平的行为选择（Colquitt & Greenberg, 2001; Folger, 2001）。道义公平一个显著的特征在于，指出人们对公平的关注是出于人性尊严和价值最基本的尊重。公平并不一定是利己的，也可能是利他的，不仅是为了满足自我的需要，也可能是为了满足他人的需要（Rupp, 2006）。道义公平的这些特点使其应用范围从公平行为中的直接参与者拓展到了非直接参与的第三方旁观者。道义公平也有效地补充了传统公平模型的不足，完善了公平动机相关的理论。

道义公平注重个体对伦理道德的关注，其主要内容和概念也与伦理道德密切相关。Floger（1998，2001）指出道义公平包含道德义务（moral obligation）、道德责任（moral accountability）、道德愤怒（moral outrage）和对公平违背者惩罚的意愿（willingness to punish transgressors of fairness）四个维度。其中，道德义务指人的行为应符合道德原则，将公平待人视为人与人之间的隐性契约；道德责任指违背公平原则的行为需要承担一定的责任；道德愤怒指观察到不公平的现象或行为时产生的愤怒等消极情绪。道义公平的四个维度紧密相关，道德义务与道德责任，道德愤怒与对公平违背者的惩罚意愿一脉相承，对公平违背者的惩罚意愿是对道德义务的保证。

道义公平在组织情境内表现为，个体对基于道德标准形成的组织公平的认知，亦即公平道德标准的内化程度，员工对公平道德标准的内化程度越高，将公平感知为道德义务和道德责任的程度越高，道义公平的程度也就越高（Beugré, 2012）。道义公平关注的是过程、结果和人际互动等各个方面的道德和伦理规范，而不仅仅是个人经济利益或群体价值（Cropanzano et al., 2003）。

（2）道义公平的测量。

虽然道义公平的概念或相关研究始于20年代末，至今已近二十年，但由于相关实证研究成果的匮乏，学者们对道义公平测量的关注并不多。相关研究采用问卷法和实验法对道义公平进行测量。

①问卷法测量。

迄今为止，只有Beugré（2012）对道义公平进行了量表开发。其量表以 Floger（1998，2001）所提出的道义公平 4 个维度：道德义务、道德责任、道德愤怒和对公平违背者惩罚的意愿为依据，包含 3 个维度，18 个题项。Beugré（2012）在道义公平量表的开发过程中，首先根据道义公平的 4 个维度，对每个维度各设置 9 个题项，后来经过对 36 个题项的探索性因子分析结果删除了 13 个题项，保留了 23 个题项。然后通过对测量题项的信效度检验，发现对道德义务、道德责任、道德愤怒之间的区分效度和结构效度均较好，而公平违背者惩罚的意愿的构念效度较差，Beugré（2012）认为这可能是因为道德义务、道德责任、道德愤怒才是道义公平的构成维度，而对公平违背者的惩罚意愿是前三项产生的结果（任巍和王一楠，2016）。由此最终形成 3 个维度 18 个题项的道义公平测量量表，其中道德义务维度 8 个题项，道德责任维度 6 个题项，道德愤怒维度 4 个题项，详见表 2-6。

表 2-6　　　　　　　　　道义公平测量量表

维度	题项内容
道德义务 8 个题项	在道义上，我支持公平原则 我非常关心公平问题 在道义上，我有责任公平地对待他人 公平是一种道德美德 他人能受到公平对待对我来说很重要 给予他人尊重和尊严是一种道义上的责任 对我而言，公平地对待他人是一种道德上的义务 公平地对待他人对每个人来说都是一种道义上的责任
道德责任 6 个题项	违背公平的人应当为自身的行为负责 必须追究行为不公者的责任 指出违反公平原则的人很重要 对他人不公平的人应当为其行为负责 对于违反公平原则的人，追究他/她的责任很重要 当人们做出不公平的行为时，应当承担相应的责任
道德愤怒 4 个题项	他人遭遇的不公平待遇令我伤心 我会因为他人遭受不公平待遇而感到担心 当看到他人遭受不公平待遇时，我会感到难过 当看到他人没有被公平对待时，我会感到不安

资料来源：Beugré, C. D. Development and validation of a deontic justice scale [J]. Journal of Applied Social Psychology, 2012, 42 (9): 2163–2190.

虽然这一量表在 2012 年才被开发和发表，由于其良好的信效度以及简便性，该量表或其中的某些维度得到了国内外学者的广泛采用（干晨静，

2016；王端旭、曾恺、郑显伟，2017；Statici，Uysal & Satici，2014）。

②实验法测量。

已有研究尝试通过实验法来测量道义公平。实验法测量道义公平的基本操纵逻辑在于，让被试充当旁观者的角色，通过在线的沟通交流或者一定的任务感知他人之间不公平的交互，然后考察被试对所观察到的不公平现象的反应（Reich & Hershcovis，2015；Nekissen & Zeelenberg，2009），主要考察的是旁观者对不公平现象或行为的情感反应，类似于道义公平测量量表中道德愤怒的维度。

（3）道义公平相关研究。

道义公平相关研究主要经历了理论发展研究阶段和实证探索阶段，前期的相关研究致力于从理论上澄清道义公平，后期的研究逐渐开始了一些对其前因和后果的实证探索。

①对道义公平理论的验证与发展。

自 Floger（1998，2001）提出公平义务论模型（即道义公平）以来，公平领域的研究者通过各种方式验证和发展这一新近的理论。Turillo 等（2002）通过四个实验考察旁观者对不公平违背者的"利他性惩罚"，实验结果发现，即使旁观者会牺牲自身利益而惩罚违背公平原则的人，即使遭受不公平行为的个体与自己并不属于同一个群体。这说明人们并非总是受自我利益最大化驱动的，这类研究作为对理性力量模型（ought force）早期的反对，类似的，Johansson 和 Svedsäter（2009）发现对不公平结果的道德责任感知和经济利益均等意愿是同时存在的，即理性模型和道义模型是并存的，这也是对道义公平理论的早期阐述。Rupp（2003）考察旁观者道德水平在道义公平表现中作用的研究发现，在面对资源不公平分配时，道德水平高的个体会牺牲自我利益换取公平，而低道德水平个体并不会如此。这进一步验证了道义公平理论的存在，证明了道德在公平中的重要性，至少是与公平工具模型中的自我利益和人际关系模型中的群体价值并存的重要概念。这些研究从理论上阐述了道义公平理论的合理性，为后续的研究奠定了坚实的基础。

在对道义公平理论验证的基础上，学者们尝试进行道义公平作用机制的研究和探索。既包括道义公平的影响后果以及综合性的模型，又包括道义公平的形成机制。

Skarlicki 和 Kulik（2004）、O'Reilly 和 Aquino（2011）对道义公平的形成和行为反应机制进行了一定的探索，分别形成了旁观者对观察到的不当行为反应的模型（见图 2-4）和旁观者道义公平反应模型（见图 2-5）。Skarlicki 和 Kulik（2004）所提出的模型从责任归因的角度考察旁观者是如何产生道义不公平感并采取行动的。该模型始于旁观者感知的工作场所负向交互及其消极作用，引发旁观者对责任归因的考虑并反过来影响旁观者对不当行为消极影响的认知，进而促进旁观者的公平感和行为措施，而且旁观者所采取的行为会反过来影响其感知公平，这一模型关注了负向行为参与这种多方参与者的特征因素，如受害者的特质和行为、实施者的特质和行为、旁观者自身的特征以及其他旁观者的反应。O'Reilly 和 Aquino（2011）则结合情绪、认知和动机等多个因素更加具体地描绘旁观者道义公平反应的产生以及其做出行为反应的过程，指出在感知或观察到其他成员之间的负向交互之后，个体会进行直觉性的道德判断，如果认为所观察到的事件违背了个体的道德直觉，就会产生道德愤怒的情绪，并产生不公平感，并作出包括无作为者、直接惩罚实施者、间接惩罚实施者和帮助受害者等在内的行为反应，旁观者动机在这一过程中发挥关键的作用，而且负向行为中受害者、旁观者自身的权力、旁观者对组织规则系统的信仰会对这些反应产生影响。

Skarlicki 和 Kulik（2004）、O'Reilly 和 Aquino（2011）的模型主要关注道义公平的形成和行为反应机制，而 Cropanzano、Massaro 和 Becker（2017）为了应对对道义公平理论的质疑，系统性地提出了道义公平生成的心理机制以及其内在的神经机制（见图 2-6）。该模型描述了个体如何做出公平的判断，认为道义公平反应始于旁观者观察到的不公平事件，该事件往往对接受者有伤害性，且被旁观者认为是有违道德准则的不公平行为。旁观者对所观察到的不公平事件的认知和反应受到其情绪的影响。简单来说，道义公平生成的主要过程是：观察到伤害性事件、公平规则的应用、感知公平或不公平，共情。当他们对受害者具有同理心（即共情，empathy）时，旁观者更容易对所观察到的伤害性事件运用公平原则。认知共情，是经过深思熟虑地思考了解他人的想法和感受，情感同情是对他人经历的无意识体会。个体道义公平的产生受到认知共情、情感共情和运用道德规则能力这三种心理机制的影响。

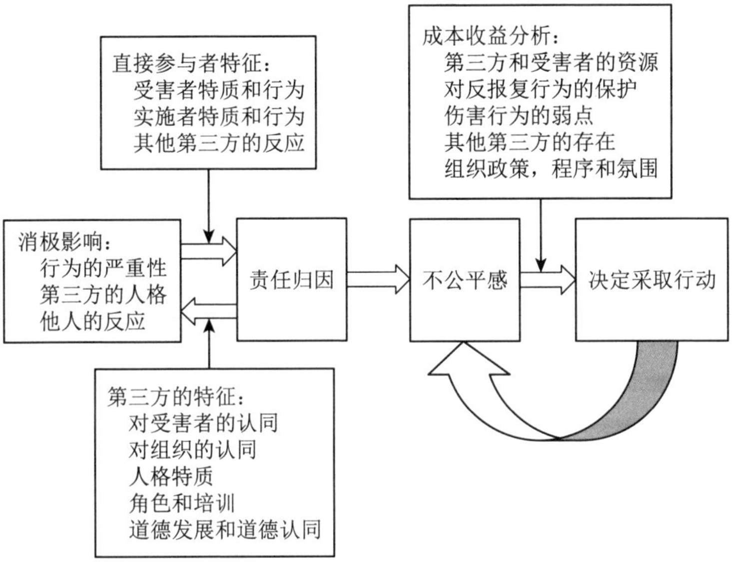

图 2-4 旁观者对不当行为的反应模型

资料来源：Skarlicki, D. P. , & Kulik, C. T. Third-party reactions to employee (mis) treatment: A justice perspective [J]. Research in Organizational Behavior, 2004, 26 (1): 183-229.

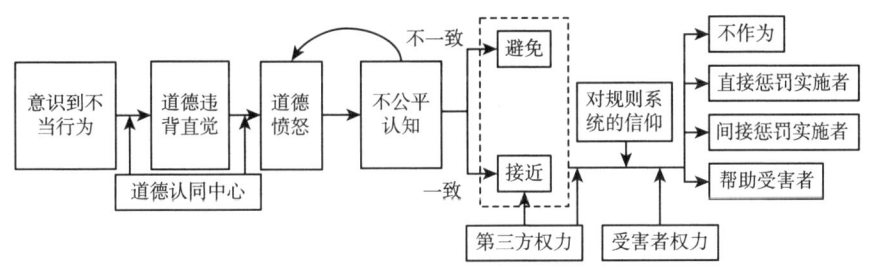

图 2-5 旁观者道义公平反应模型

资料来源：O'Reilly, J. , & Aquino, K. A model of third parties' morally motivated responses to mistreatment in organizations [J]. Academy of Management Review, 2011, 36 (6): 526-543.

②道义公平的影响因素与影响后果的实证探索。

在道义公平理论不断完善和发展的过程中，道义公平相关的探索也逐渐兴起，但相关研究尚处于早期阶段，实证研究数量十分有限。主要的实证相关成果也均是基于以上几个道义公平的模型为基础进行的，详见图2-7。

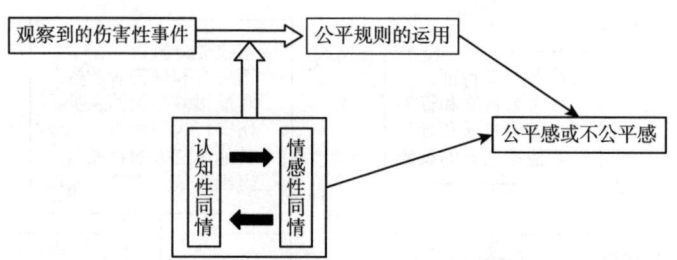

图 2-6 基于组织神经机制的道义公平影响模型

资料来源：Cropanzano, R. S., Massaro, S., & Becker, W. J. Deontic justice and organizational neuroscience [J]. Journal of Business Ethics, 144 (4): 733-754.

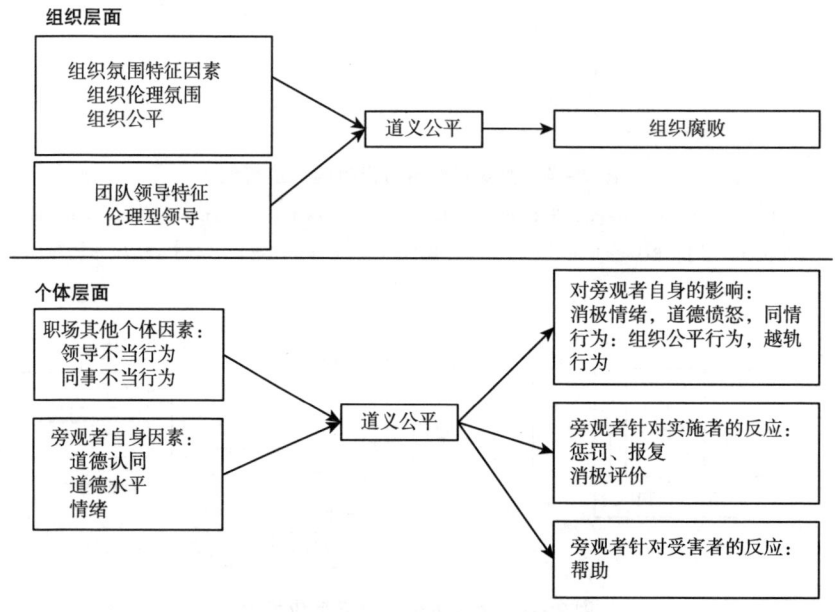

图 2-7 道义公平的前因和后果

资料来源：本书根据相关文献整理。

学者们在个体层面与组织层面对道义公平的影响因素进行了探索。主要考察的因素包括：组织氛围特征以及团队领导的作用。个体层面的道义公平影响因素包括旁观者自身的道德水平、道德认同等，以及职场其他个体的因素。道义公平作为公平义务论模型的代表性变量，受到组织氛围特征的作用，如果组织中的公平氛围很弱，员工认为自己所在的组织并非公平的,他们更不易产生公平性的行为和道义公平的反应(Eek & Biel,2003),同样,组织中的伦理氛围也有类似的作用结果(Treviño & Weaver,2001),这主要是因为组织中的伦理氛围、组织公平氛围等会直接影响员工对伦理和公平的重视,影响员工的公平价值取向。

组织中的领导者作为组织中正式权力的代表,对员工的道义公平也会产生影响。伦理型领导通过自身的"道德性",所表现出来的公平为员工树立了良好的榜样。可能通过领导行为的下行传递效应或社会学习的机制对员工的道德和公平意识产生积极的作用,激励员工更多地基于道德的视角和义务论的视角追求道义公平(赵君,2014)。

道义公平相关的研究通常以旁观者为视角,因而受到旁观者自身因素、职场其他员工因素的影响。道义公平植根于公平的义务论模型,强调个体出于道德本身对公平的向往和追求,因而会受到旁观者自身道德水平和道德认同的影响。Turillo 等(2002)采用实验法考察道义公平的研究中发现,由于公平是旁观者的道德评价标准,因此道德水平高的个体更倾向于产生道德公平的反应。而从内涵上来看,道德认同与道义公平的三个维度紧密相关,道德认同作为个体内在的道德自我调节,高的道德认同更易引发员工自发性的道义公平反应(Sakarlicki et al., 2008;赵君,2014)。

由于道义公平是对所观察到的不当行为伦理性的反应,因而道义公平的直接触发因素为工作场所中他人之间不当的人际交互。以往研究考察了职场中来自领导、同事以及顾客不当行为对道义公平的影响,如主管的人际不公平行为(Zoghbi-Manrique-de-Lara & Sua, rez-Acosta, 2014)、非伦理行为(Zheng, 2015)、工作场所不文明行为(Reich & Hershcovis, 2015)、顾客不文明行为(Hershcovis & Bhatnagar, 2017),观察到的程序不公平和人际不公平行为(O'Reilly, Aquino, & Skarlicki, 2016)。Hershcovis 和 Bhatnagar(2017)的研究通过在线实验的方式操纵旁观者观察到的不文明行为,研究发现,当顾客表现出不同的行为(中立性行为、不文明行为和攻击行为)时,旁观者(同属顾客)会产生不同的道义公平感(道德愤怒),并诱发员工针对实施者和受害者的不同行为反应。

Zheng(2015)的研究采用问卷调查的方式考察非伦理行为的旁观者在观察到非伦理行为之后所产生道义不公平感和伤害性行为。O'Reilly,Aquino 和 Skarlicki(2016)不仅考察观察到的人际不公平和程序不公平对旁观者道义公平的影响，还比较了这两种不公平对道义公平影响的差异，指出相对于程序不公平的行为，旁观者会对人际不公平行为作出更符合道德规范的反应，产生更多的道德愤怒，也更容易惩罚不公平违背者。

根据上述的几个道义公平模型，道义公平的影响因素较为单一，主要是旁观者感知的负向交互的发生，而道义公平的结果相对更为丰富。既包括组织层面的组织腐败，也包括个体层面旁观者以自我为中心的反应，针对实施者的反应和针对受害者的反应。

Beugré（2010）提出员工的道义公平有助于抵制和减少组织腐败。其研究指出，在组织新员工社会化的过程中，具有高道义公平的员工会抵制组织中腐败的社会化，并采取行动来减少组织腐败，甚至更可能离开组织腐败程度高的组织，而低道义公平员工则可能接受并参与组织腐败。

根据旁观者道义公平模型以及道义公平的三个组成，旁观者的道义公平对其自身的情绪和行为会产生作用，Reich 和 Herschovis（2015）根据道义公平理论的研究发现，旁观者可能对所观察到的工作场所不文明行为的道义公平反应可能是消极情绪，以及针对实施者的报复行为，包括给予实施者更差的评价，分配更多的工作等。Bernerth 和 Walker（2012）的研究发现，职场中旁观者感知公平能够显著增强其工作场所凝聚力和公民行为，并有效减少其越轨行为。

更多的研究考察旁观者道义公平对其针对违背公平行为中实施者和受害者的反应。主要的研究包括针对实施者的惩罚、报复和消极评价（O'Reilly，Aquino & Skarlicki，2016；Reich & Herschovis，2015）。同时为了恢复公平，他们可能会通过各种方式帮助受害者，如支持受害者、给予其更积极的评价等（Hershcovis & Bhatnagar，2017）。

2.3.2　程序公平文献综述

半个多世纪以来，公平问题都是组织行为学和心理学领域研究的焦点。早期的公平研究关注如何公平地分配资源，到了20世纪70年代，社会心理学家发现人们不仅关注社会交换中结果的公平性，而且关注制定分配角色的程序是否是公平公正的，程序公平的概念应运而生，早期的程序公平主要用于法律纠纷解决的情景（Tibaut & Walker，1978），到了80年代，公平的研究者们（e. g. Lind & Lissak，1985；Sheppard & Lewicki，1987）发现了程序公平在组织内部和工作场所中的关联，这为程序公平在组织行为学领域的研究拉开了序幕（Folger & Greenberg，1985）。

从概念上看，程序公平指个体感知的决策程序公平与否的程度，既包括个体对决策制定时程序是否一致、正确和无偏见的认知，也包括对组织中决策制定者能否采纳意见调整程序的知觉。Leventhal（1980）提出个体对程序公平的判断主要基于一致性、准确性、无偏性、代表性、可修正性、符合道德规则等六大标准。程序公平理论反映个体理性的公平判断，指个体对于决策程序公平程度的知觉（Colquitt et al.，2013）。

程序公平的概念和理论植根于公平的工具主义模型和人际关系模型。Tyler（1987）提出的公平自我利益模型（self-interest model）与公平工具主义模型是一脉相承的，该模型基于社会交换理论提出个体对程序的控制有助于达到合理的最终结果。此外，Lind 和 Tyler（1988）所提出的程序公平群体价值模型也是公平的人际关系模型的体现和代表，该模型植根于社会认同理论，提出公平的程序不仅具有工具性的价值，而且也具有非工具性的价值，体现在向个体传达身份相关的信息。

程序公平是区分于以往公平概念重要的公平理论，其与分配公平既相互关联又有所区别。Sweeney 和 Mcfarlin（1993）提出公平双因素模型是独立的公平感维度。Hauenstein 等（2001）通过对63篇程序公平和分配公平文献的分析发现，两者具有较高的相关性（r = 0.64）。在面对组织中的负面行为或者不利结果时，程序公平对个体的影响作用往往比程序公平或人际公平等更为突出（Bies & Moag，1986；Brockner et al.，2005）。

Bobocel 和 Gosse（2015）明确提出，程序公平的出现和发展在组织管理和研究领域一方面有助于研究者更深入地理解许多组织现象，程序公平与组织中几乎每一个程序都紧密相关，包括绩效评估（Korsgaard & Roberson，1995）、员工甄选和雇佣（Gilliland，1994）、冲突解决（Shapiro & Brett，2005）等；另一方面程序公平能够有效预测员工的反应，如情绪（Barclay, Skarlicki & Pugh，2005）、自我评价（Schroth & Shah，2000）、信任（Colquitt & Rodell，2011）、组织支持感（Tekleab, Takeuchi, & Taylor，2005）等，并与多种工作行为密切关联，如OCB、合作行为（Tyler & Blader，2000）等。

2.3.3 基于组织公平视角的工作场所不文明行为研究

组织公平理论认为，组织公平是员工行为、态度和心理状态等的前因。不文明行为与程序公平、分配公平和人际公平有一些相同特征，如尊重、敏感、关心、遵守规范等（Petrucci，2013）。以往的实证研究发现低组织公平感容易诱发组织中的负向行为。例如，Blau 和 Andersson（2005）基于不文明行为实施者视角的研究发现，程序公平和分配公平能诱发不文明行为的实施。Rupp 和 Cropanzano（2002）指出，员工在职场的不公平感能预测其针对不公平来源的行为，由此工作场所不文明行为可能是员工在不公平情景中储存和恢复公正感的报复行为。因此，实施者自身的不公平感可能诱发其针对受害者的不文明行为。

对于受害者而言，不文明行为是职场消极的人际交互和压力源，会引发不公平感。Caza 和 Cortina（2007）的研究发现，自上而下的不文明行为（主管不文明行为）和同地位个体实施的不文明行为（同事不文明行为）均能消极影响受害者公平感。Lim 和 Lee（2011）的研究证实了同事不文明行为的发生会引发员工的沮丧情绪，降低对同事的满意度，并诱发员工不公平感，来自家庭领域的支持能够缓解同事不文明行为对员工沮丧情绪、同事满意度和员工公平感的消极影响。组织层面的不文明行为通过破坏人际公平氛围进一步瓦解员工的留任意向（Griffin，2010）。因此，不公平感是受害者遭遇不文明行为之后的认知性后果。

道义公平理论常被用于旁观者视角的研究。根据该理论不文明行为旁观者会对自己感知到但未参与的不公正行为作出消极的情绪回应，甚至会对不公平行为实施者进行惩罚，即使这种惩罚存在个人成本。Reich 和 Hershcovis（2015）的研究发现，在不同的不文明行为实验操纵情境下，旁观者都会对通过给予消极评价，进行更差的任务分配等方式惩罚不文明行为实施者。此外，察觉到服务员工与其他顾客不文明交互顾客的道义公正感会不断增强，进而体验到愤怒情绪并伺机报复实施者和组织（Porath et al.,2011）。

基于组织公平理论的研究考察了分配公平、程序公平和人际公平与不文明行为之间的相互作用，公平感不仅是不文明行为的诱发因素也是对不文明行为的认知后果。然而 Lind，Kray 和 Thompson（2011）认为个体对于公平与否的判断在时间上有持续性，前期的公平判断对之后的公平体验和判断会形成阻碍，而且个体往往难以改变之前的公平认知和判断。而基于组织公平理论的研究中却很少考虑时间因素，考察前后期公平感知的一致性对个体工作行为和反应的影响。如公平感知矛盾可能引发个体认知失调，这种认知障碍可能进一步诱发员工的资源损耗、消极情绪和负向行为等。基于旁观者视角的工作场所不文明行为研究考察了道义公平的作用，却未能描述传统公平理论在旁观者视角研究中的作用，也未能区分道义公平理论与传统公平理论在工作场所不文明行为对旁观者影响中存在的作用及可能的差异，这些都有待后续研究进行考察。

2.4 消极情绪

2.4.1 消极情绪的概念

情绪是生活中对个体生理、心理、认知和行为等各个重要领域都存在影响的一种状态（Izard，1977）。在组织行为研究领域，将情绪作为一个系统性的研究主题和关注点已有二十余年（Ashkanasy & Humohrey，2011）。根据 Lazarus（1984），情绪是对环境中有益或有害信息的心理与生理反应，取决于个体对坏境信息的瞬时或持续性评价。

组织行为领域的情绪研究可以追溯至 Hersey（1932），他在其专著《员工工作场所和家庭的情绪》中有关于情绪对工作绩效影响的论述，"积极情绪和消极情绪对员工工作绩效均能产生影响，并且两者的作用效果不同，消极情绪对工作绩效的削弱作用产生的效果要大于积极情绪对工作绩效的促进效果"。其研究首次关注了积极情绪和消极情绪的作用，并提出重视消极情绪的作用效果。

消极情绪和积极情绪是对情绪比较抽象和宽泛的描述，且两者是相对的，积极情绪反映了个体感知的热情、积极和愉悦的状态，但两者并不相互排斥和冲突（Bhutoria & Hooja，2018）。积极情绪是个体愉悦的状态和体验，消极情绪指个体不愉悦的状态和体验，具体包含焦虑、悲伤、恐惧、愤怒、罪恶感和羞耻感等多种细化的情绪（Waston, Clark & Tellegen, 1988）。

2.4.2 消极情绪的主要理论机制

随着情绪研究在组织中的兴起，涌现了一些主流的情绪相关理论，如情感事件理论（affective events theory，AET）和情绪的认知评价理论（cognitive appraisal theory of emotion）等。

本书基于道义公平的视角考察道义公平在工作场所不文明行为与员工工作有效性关系中的作用，在第5章中考察道义公平理论和情感事件理论对这一关系的解释效果及作用差异，根据研究问题和研究目的，本部分重点介绍情感事件理论。

情感事件理论由 Weiss 和 Cropanzano（1996）提出，考察个体所经历的情感事件、个体的情感反应如何作用于其在工作态度和行为（见图 2-8）。情感事件理论关注工作中情感经历的结构、原因和后果。情感事件理论描述从工作事件—情感—态度行为的链条，以此来系统地说明工作场所员工情感的作用。在工作场所，员工的情感主要是由工作环境特征所决定和影响的。稳定的工作环境特征引发积极或消极的工作事件，这些工作事件引发工作场所个体的情感体验和情感反应，并进一步诱发个体态度和行为的产生或变化。工作场所中的工作事件不仅可以直接影响员工的行为（被称为情感驱动性行为），而且可以通过引发员工态度的变化来驱动员工行为的变化（被称为判断驱动行为）。其中判断驱动行为的论证逻辑与情绪认知评价理论是一致的。情绪认知评价理论认为个体会对所遇到的工作事件（主要是压力性事件）进行初评和次评，在初评阶段，个体判断该事件对自身的影响，而在次评阶段形成对该事件的情感和行为反应（Lazarus & Folkman, 1984）。

已有研究按照情感事件理论和情绪认知评价理论的逻辑，论证了情绪对员工行为的直接驱动作用和判断驱动作用，如消极情绪对员工工作有效性的影响。Peng 等（2017）指出消极情绪预示着员工在工作中负面的环境，持续性的问题和危险，在消极情绪状态下的员工往往倾向于采取注重

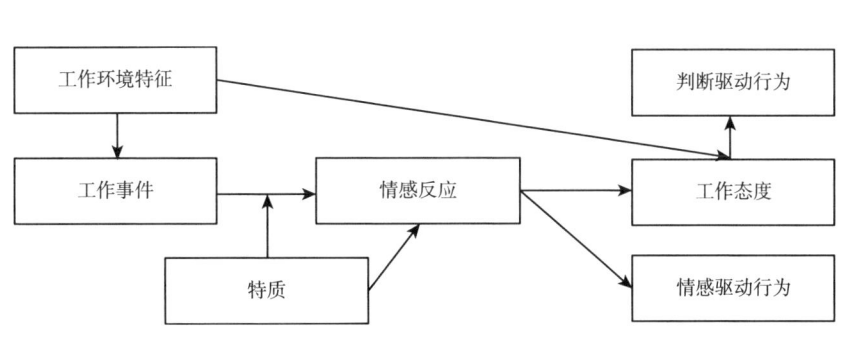

图 2-8 情感事件理论的宏观结构

资料来源：Weiss, H. M., & Cropanzano, R. Affective events theory: A theoretical discussion of the structure, causes and consequences of affective experience at work [J]. Research in Organizational Behavior, 1996, 18 (3): 1-74.

细节的分析策略来解决问题，而不会采用更为抽象和新颖的方式，从而降低员工在工作中的创造力。在 Mäder 和 Niessen（2017）的研究中证实了消极情绪在员工工作不安全感与员工绩效非线性关系中的中介作用。

2.4.3 基于情感事件视角的工作场所不文明行为研究

情感事件理论认为，工作场所不文明行为经历作为一种消极的工作事件，一方面能够直接引发员工的情绪反应；另一方面会通过员工情绪的变化间接驱动员工情绪回应，相关研究主要以受害者和旁观者为中心（Bunk & Magley, 2013; Reich & Hershcovis, 2015）。早期的相关研究对情绪进行笼统的归类，后期的研究开始考察不文明行为引发的具体情绪。例如，Sakurai 和 Jex（2012）考察同事不文明行为对受害者消极情绪和反生产行为的影响。Porath 和 Pearson（2012）则将不文明行为引发的消极情绪细化为愤怒、恐惧、悲伤来考察其对员工旷工、离职的影响。情感事件理论同样作用于不文明行为旁观者，Reich 和 Hershcovis（2015）认为工作场所不文明行为可能侵蚀旁观者对组织管理专业化和同事关系的认知，产生对自己和他人遭遇的不确定感，其研究显示观察者对实施者的消极情绪和态度在不文明行为与其对实施者的工作评价关系中有中介作用。

情感事件视角关注不文明行为中个体情感和态度的变化及由此产生的影响，有助于我们从情感的角度深入认识和探讨不文明行为，但相关研究中淡化甚至是忽略了个体认知评价对情感的影响，然而不文明行为伤害意图模糊的特点为个体对其认知和评价提供了充分的空间和可能，而且个体的认知和评价能够直接作用于其情绪体验，认知和评价的动态变化可能导致情绪的即时变化（Siemer, Mauss & Gross, 2007），未来的研究可能需要考虑到认知评价对情绪的动态影响。

2.5　公正世界信念

2.5.1　公正世界信念的概念和测量

公正世界信念（belief in a just world）的概念由 Lerner 和 Miller 在 1978 年首次提出，表达了人们希望生活在一个得其所应得，所得即应得的世界的信念。公正世界信念为个体构建了一个稳定和有序的社会环境，以及一个理想的生活环境。这与善有善报、恶有恶报的思想具有相似性（杜建政、祝振兵，2007）。公正世界信念表现了人们一种信念和对所发生事件的控制感，这种信念和控制感为个体聚焦于长远目标、遵循社会规范等提供了力量和支持（Murray, Spadafore & Mcintosh, 2005）。

公正世界信念作为人们对世界是否公正有序的认知，并非先天形成，而是多种后天因素共同作用的结果。个体在儿童时期的经历就会对这一信念产生影响。公正世界信念的研究起源于心理学，在已有的相关研究中包含内隐测量和外显测量两种方式。在组织行为研究领域，笔者通过对主要中英文数据库的搜索发现，组织行为研究领域对公正世界信念的研究都是采用外显测量的方式，由此本书仅介绍公正世界信念的外显测量。

第一个公正世界信念量表早在 1973 年就被 Rubin 和 Peplau 所开发。Rubin 和 Peplau（1973）在公正和不公正这一连续体的两极界定公正世界信念，该量表包含 20 个题项，分为公正和不公正两个分量表（Cronbach's $\alpha = 0.80$）。由于该量表开发的时间早，因而在很长一段时间内被广为使用（Hafer, 2005），但随着公正世界信念研究的深入，学者们开始质疑该量表结构的合理性。Harper（1990）运用该量表的研究中发现，主成分分析显示这 20 个题项的单维度量包含 3 个维度：支持公正世界、反对公正世界、讽刺或保留公正世界。同样，Caputi（2000）在对该量表结构的探索中抽取出 5 个维度，再次验证了该量表在结构方面的缺陷。

随着 Rubin 和 Peplau（1973）公正世界量表缺陷的不断出现，Dalbert（1999）也开发了公正世界信念量表。根据公正世界信念指向的差异，Dalbert（1999）的量表区分为针对个体自身的个人公正世界信念量表和指向他人的一般公正世界信念量表。其中，个人公正世界信念量表包含 7 个题项描述个体对自己已经经历的和即将经历的事情的公正信念的判断（Cronbach's α = 0.82），一般公正世界信念量表包含 6 个题项描述个体对他人已经经历或即将经历的事情的公正信念的判断（Cronbach's α = 0.68）。

除了基于指向主体的划分之外，Maes（1999）基于时间对公正世界信念进行了划分。将时间上已经过去的事件的公正世界信念称为内在公正（immanent justice），其包含 5 个题项（Cronbach's α = 0.72），与之相对应的是终极公正（ultimate justice），包含 4 个题项（Cronbach's α = 0.90），指个体对将来可能发生的事件的公正判断倾向。内在公正和终极公正均不指定具体的对象，既包含对自己所遭遇或即将遭遇的事件的评价，又包括对所观察到的他人事件或他人未来事件的公正评价。

国内学者也在公正世界信念的测量方面进行了一定的尝试，如杜建政、祝振兵和李兴琨（2007）以大学生为样本，编制了包含终极公正、内在不公正和内在公正 3 个维度的 19 个题项大学生公正世界信念量表（Cronbach's α = 0.81）。周春燕等（2015）结合人际维度和时间维度编制了包含自我现在、自我未来、他人现在、他人未来四维度的 15 个题项成人公正世界信念测量工具（Cronbach's α = 0.76）。但大学生公正世界量表的针对性和指向性的特征，成人公正世界信念量表的开发时限的因素的作用，这两个量表均未能被后续的研究广泛使用。

2.5.2 公正世界信念与工作场所负向行为研究

从公正世界信念的概念内涵来看，公正世界信念是人们对于世界是否公正的内在信念和观点。作为个体应对不公正事件的信念和控制感，公正世界信念与职场负向行为具有紧密的关联，如领导者的辱虐管理、工作场所欺凌行为等。Wei 等（2016）的研究发现，公正世界信念能够调节主管互动不公平行为与员工心理特权之间的曲线关系，对于高公正信念员工来说，高主管互动公平与员工心理特权负相关，而对于低公正世界信念员工来说，低主管互动公平与员工心理特权负相关。国内学者曹元坤等（2015）研究组织中领导辱虐管理与员工工作场所越轨行为的关系，考察了公正世界信念在其中的作用，其研究显示，公正世界信念有助于缓解辱虐管理对员工工作场所越轨行为的作用，特别是对于高公正世界信念的员工来说，辱虐管理与其工作场所越轨行为的有着最弱的正向关联。Otto 和 Schmidt（2007）的研究发现，公正世界信念作为一种个体内在资源，能够帮助个体应对和弥补多种职场压力即职场压力产生的消极影响，其研究实证考察了公正世界信念能够缓解员工在工作中的情绪耗竭、核心工作压力（如工作负荷）、工作相关的资源（如自主权）的影响，缓解这些工作压力对员工组织承诺、离职倾向、自我效能感和心理健康的作用。

公正世界信念不仅能够缓解工作场所负面行为的影响，而且可能影响个体对负面行为的认知，Alt and Itzkovich（2015）以以色列大学本科生为样本的研究发现，公正世界信念能够影响学生对教师行为公平、文明与否的认知，公正世界信念作为一种个体资源，能够增强学生对教师公平感受，相对于低公正世界信念学生而言，高公正世界信念的学生更容易将教师的行为评价为公平的和文明的，即受害者公正世界信念与实施者不文明行为负相关，与实施者公平正相关。

2.6　本章小结

本章通过对工作场所不文明行为、员工工作有效性（工作绩效和创造力）、组织公平（道义公平和程序公平）、消极情绪和公正世界信念相关研究的系统性回顾后发现，已有研究对这些因素进行了比较深入的探索，但仍然存在一些亟待研究的问题和不足，需要未来的研究进一步补充和完善。

第一，在工作场所不文明行为研究中，大多数研究聚焦于受害者视角，基于受害者视角的工作场所不文明行为研究与基于旁观者视角的工作场所不文明行为研究无论是在数量上还是研究学者的数量上，都存在很大的差距，国内相关研究基本空白。基于旁观者视角考察工作场所不文明行为，特别是考察旁观者对工作场所不文明行为的反应已经成为工作场所不文明行为研究学者近期普遍的呼吁，国际知名期刊 *Journal of Organizational Behavior* 在 2017 年年底也开始呼吁学者们研究该问题，在其"Call for papers"中特别强调了要基于道德动机的角度考察旁观者对所观察到的工作场所不文明行为的反应。因此，基于旁观者视角考察工作场所不文明行为对旁观者的行为反应是顺应研究前沿的重要议题，也是对当前工作场所不文明行为研究的重要补充和完善。

第二，现有的基于旁观者视角的研究大多考察的是旁观者针对工作场所不文明行为中实施者或受害者的反应，如帮助受害者、惩罚实施者，并未考察旁观者在观察到工作场所不文明行为之后，其自身的行为反应是否会被影响以及受到何种影响。而实际上，根据工作场所不文明行为的回旋升级模型（Andersson & Pearson, 1999），工作场所不文明行为是否会在组织内进行范围内的拓展主要取决于旁观者自身的行为选择，而这一问题被现有的研究所忽略了。特别是，关于工作场所不文明行为与旁观者自身工作有效性影响的研究更是凤毛麟角，而员工工作有效性的问题，不仅关乎组织现阶段的生存，而且还是组织未来发展的重中之重。因此，考察工作场所不文明行为对旁观者工作有效性的影响不仅是组织管理理论研究的需要，也对组织管理实践具有深远的意义和价值。

第三，工作场所不文明行为研究虽然进入蓬勃发展的阶段，涌现出多种关于工作场所不文明行为影响因素、影响后果和作用机制的探讨，不同的研究基于多个理论视角，如资源保存理论、组织公平理论、情感事件理论、社会影响理论等。但基于不同理论视角的不文明行为影响后果研究存在严重的重叠，如情感事件和组织公平视角的研究均发现，不文明行为通过影响员工的情绪或公平感知负向影响员工的工作满意度和生活满意度，正向影响员工的越轨行为。缺乏基于不同理论视角的整合和比较研究。本书整合道义公平理论、程序公平理论和情感事件理论，比较这三种理论机制在工作场所不文明行为与旁观者工作有效性关系中的作用，是对不同理论视角研究的初步尝试。

第四，缺乏对公正世界理论对旁观者认知和工作有效性作用的实证解释。公正世界信念作为一种个体内在对世界对自我及他人是否公正的信念与认知，学者们考察了公正世界信念对工作场所负向行为的影响，但相关的研究仅仅专注于考察公正世界信念对自我遭遇的负向行为的作用，而未尝试考察旁观者公正世界信念对他人遭遇的不当行为的影响，然而自我公正世界信念和他人公正世界信念的作用效果和作用大小往往存在区别，本书从观察者角度考察旁观者公正世界信念的作用是一个全新的尝试，也有助于丰富公正世界信念与工作场所负向行为相关的研究。

第 3 章 研究设计

本章主要从总体上介绍本书的研究问题与设计构想,首先对本书涉及的关键变量进行概念界定,然后系统性地阐述本书拟解决的关键研究问题和研究的总体框架,阐述各项子研究的具体内容及不同子研究之间的逻辑联系,最后进行研究问卷的设计,并介绍研究样本信息和研究中拟采用的分析技术。

3.1 研究变量的基本概念界定

本书基于文献综述,对本书涉及的主要变量进行概念界定。主要涉及的变量包括:工作场所不文明行为、工作绩效、创造力、道义公平、程序公平、消极情绪、公正世界信念等。

(1) 工作场所不文明行为。根据 Andersson 和 Pearson(1999)的界定,本书认为工作场所不文明行为指主管违背工作场所相互尊重的人际规范、伤害意图模糊、低强度的越轨行为。

(2) 工作绩效。根据 Borman 和 Motowidlo(1997),员工工作绩效指员工在工作中完成其工作职责的程度。

(3) 创造力。员工创造力即员工在工作中所提出的新颖而实用性的想法,可以涵盖工作中的各个方面,如工作流程、产品或服务等。

(4) 道义公平。道义公平起源于公平的"义务论模型",指员工基于道德标准而形成的对组织公平的认知,是员工公平感的道德内化。

(5) 程序公平。程序公平指员工在工作中对组织内决策程序公平程度的知觉,其中包括决策程序的一致性、正确性、无偏见性以及决策程序制定者能否接纳其他不同声音与建议进而进行调整等,反映了员工对组织法治(rule by law)程度的感知(Colquitt et al.,2013;Sun et al.,2013)。

(6)消极情绪。根据 Waston 等(1988)文献可知,消极情绪是个体主观体验到的心情低落,包括愤怒、紧张等多种负面的情绪感知。

(7)公正世界信念。公正世界信念是个体对世界是否公正的内在信念,既包含世界对自己的公正也包含对他人的公正(Lerner & Miller,1978)。

3.2 关键研究问题

通过对研究背景的概述,以及对现有文献的述评,本书拟解决的关键问题包括以下几点。

(1)考察工作场所不文明行为对旁观者工作有效性的影响。

工作场所不文明行为的回旋升级理论以及现有的实证研究证实了工作场所不文明行为不仅会对直接参与者造成影响,也会影响旁观者,但现有工作场所不文明行为研究大多聚焦实施者和受害者的视角,旁观者视角的不文明行为研究与之在数量上存在严重的失衡。现有旁观者视角的不文明行为研究大多关注不文明行为对旁观者态度、情绪和认知等的作用,以及不文明行为旁观者针对不文明行为直接参与者(实施者和受害者)的行为反应(即利他性反应),而较少关注旁观者在观察到不文明交互之后是否即如何采取针对自身的行为反应(如道义公平对自身的潜在成本),特别是不文明行为能否影响对旁观者本人甚至是其所在组织最为重要的工作结果(工作绩效)和工作过程(创造力)。由此,本书要考察在组织内部,工作场所不文明行为对旁观者工作工作有效性(工作绩效和创造力)是否存在影响?工作场所不文明行为对旁观者工作有效性(工作绩效和创造力)影响的强度有多大?

(2)考察工作场所不文明行为影响旁观者工作有效性的作用机制。

在确定工作场所不文明行为对旁观者工作有效性(工作绩效和创造力)影响的基础之上,本书进一步考察工作场所不文明行为究竟是如何作用于旁观者工作有效性。借鉴现有负向行为研究的成果,本书从理论上分析和实证上检验道义公平、程序公平以及情感事件这些机制在工作场所不文明行为与旁观者工作有效性（工作绩效和创造力）关系中能否发生作用，由此揭开工作场所不文明行为对旁观者工作有效性影响的"作用黑箱"。

（3）考察道义公平理论在工作场所不文明行为对旁观者工作有效性关系中的独特解释力。

在理论上确定道义公平、程序公平和消极情绪在工作场所不文明行为与旁观者工作有效性关系的基础上，本书进一步考察道义公平能否在传统程序公平和消极情绪的基础上解释工作场所不文明行为对旁观者工作有效性（工作绩效和创造力）的影响，由此确定道义公平理论的解释是否是有别于以往公平理论和情感事件理论的独特解释视角。

（4）道义公平理论在解释工作场所不文明行为与员工工作有效性关系时的作用边界条件。

在确定道义公平理论在现有的公平理论和情感事件理论基础上从新的理论视角有效阐释工作场所不文明行为与旁观者工作有效性的关系的基础上，考察个体对世界是否公正的内在信念在工作场所不文明行为与旁观者道义公平关系中的调节作用进而对道义公平在工作场所不文明行为与旁观者工作有效性关系中间接效应的调节作用，即回答道义公平理论在工作场所不文明行为与旁观者工作有效性关系中的作用边界问题。

3.3 研究总体框架设计

如前所述，本书要解决的问题包括：（1）工作场所不文明行为是否以及如何影响旁观者工作有效性？（2）道义公平对旁观者工作有效性的影响的作用效果与程序公平和情感事件理论解释效果是否存在差异？道义公平是否具有独特的解释力？（3）公正世界信念在工作场所不文明行为与旁观者工作有效性关系中能否发生作用以及如何发生作用。

本书分为三项子研究来系统和完整地回答研究问题，实现研究目的（见图3-1）。采用这样的做法是基于两个方面的考虑：一方面，本书的研究模型较为复杂，变量之间涉及主效应（直接效应）、调节效应、间接效应以及调节—中介整合效应，虽然所有的研究均是在个体层面上进行，但还涉及不同理论机制作用效果的比较，涉及多个中介机制，仅依靠一项研究进行考察不具可行性和可靠性，而且使用一项研究考察这类复杂模型也难以保证有较高的统计功效。另一方面，本书主要以工作场所不文明行为、员工工作绩效和创造力等为中心变量，包含道义公平理论、程序公平理论和情感事件理论等三种解释机制，涉及不同解释机制的对比，主要突出道义公平在其中独特的解释力，根据这些研究内容，本书可以从逻辑上进行拆分和开展独立研究。

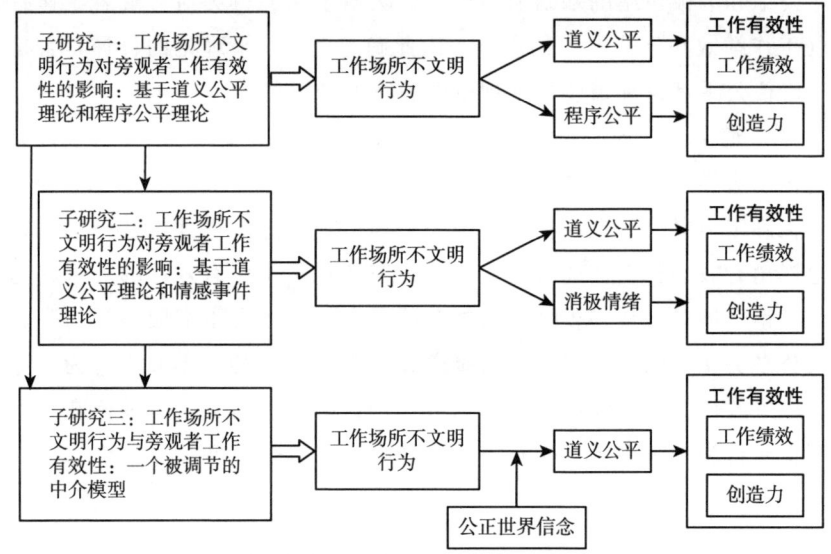

图 3-1 本书的研究模型

子研究一是从组织公平理论内部考虑，考察和对比基于公平工具主义模型和人际关系模型的程序公平与基于公平义务论模型的道义公平是否能够解释工作场所不文明行为对旁观者工作有效性的影响，以及这两者解释力方面的差异。子研究二是比较基于组织公平视角的道义公平理论和基于情感事件理论的消极情绪是否能够解释工作场所不文明行为对旁观者工作有效性的影响，以及这两种理论在解释力方面的差异。子研究二是对子研究一的继承和发展，考察道义公平理论在这些理论之间独特的解释力，同时这两项子研究共同为第三项研究提供基础和铺垫。子研究三在前两项研究的基础上，考察道义公平机制的作用边界和影响。

3.4 研究问卷设计

在对研究问题和研究中主要变量的内涵清晰界定之后，本书着手设计研究问卷。

首先，根据对研究变量的概念界定，选择已有文献中测量该变量的成熟量表，并结合该量表在他人研究中的信效度信息，考虑该量表在中国文化情境下的适用性，最终确定最合适的变量测量工具。本书在选取研究变量的测量量表时主要遵循的两条标准是：第一，该量表在已有研究中多次被使用，且相对简短，由此确保量表的有效性和易用性；第二，该量表曾被用于中国文化情境，并表现出良好的心理测量学特征，由此保证该量表在中国文化情境下的适用性。

其次，进行量表的翻译。由于本书中主要变量的研究均是起源于西方文化情境，量表初始语言为英文，我们严格遵循 Brislin（1980）所提出的量表翻译—回译程序组织量表翻译。先由笔者将所有的英文量表翻译成中文，然后邀请另一名人力资源管理专业的副教授将笔者翻译的中文版量表回译成英文，再对照英文量表原文与回译后的英文量表，邀请一名人力资源管理专业的副教授与前面两名翻译者对存在差异的地方进行修改、讨论和调整，由此形成最终的中文量表。

再其次，对形成的问卷题项进行问卷访谈。在正式施测之前，笔者通过私人关系对研究问题和研究量表进行了小范围访谈，确保问卷中各题项描述的准确性和合理性。

最后，根据以上各项工作的成果，撰写研究引导语，向被试保证的匿名性和保密性等，以消除被试的顾虑，提高测量的准确性。

3.5 研究样本

以往对工作场所不文明行为的考察在研究对象上几乎涵盖了各类工作群体，包括法院（Miner-Rubino & Cortina，2004）、军队（Cortina, Magley, Williams & Langhout，2001）、制造行业（Wu, Zhang, Chiu & He,

2013）、零售行业（Kern & Grandey, 2009）、通信服务行业（Scott, Restubog & Zagenczyk, 2013）等。同样有很多研究（e.g. Birkeland & Nerstad, 2016；Kabat-Farr, Walsh & McGonagle）采用了混合行业样本考察不文明行为及其影响效果。本书在不同研究中收集不同行业样本（包括IT、制造和设计等），并且本书中三个子研究分别在不同行业的企业中取样，这样可以削弱行业和样本特征对研究结果造成影响，提高研究的外部效度。

在进行样本收集的过程中，笔者首先联系了各家企业的负责人，在征得其同意和支持之后与所调研企业的人力资源部门取得联系，并与人力资源部门工作人商定和确认了问卷调查的方式和抽样程序，以此提升问卷收集的有效性。

为了减少研究中的共同方法偏差（common method bias）（Podsakoff, MacKenzie, Lee, & Podsakoff, 2003），本书中各个子研究均是采用了员工—主管配对方式和追踪的方式收集数据。具体来讲：在子研究一和子研究二中，自变量（工作场所不文明行为）在时间点1由员工进行评价，中介变量（道义公平、程序公平、消极情绪）由员工在时间点2进行评价，结果变量（员工工作绩效、创造力）由主管在时间点2进行评价。在子研究三中，自变量和调节变量（工作场所不文明行为和公正世界信念）由员工在时间点1进行评价，中介变量（道义公平）由员工在时间点2进行评价，结果变量（员工工作绩效、创造力）由领导在时间点2进行评价。

3.6　问卷设计访谈

由于本书涉及多个变量，而且主要的研究变量均是起源于西方文化情境，为了保证相关变量测量题项在中国文化情境下的适用性与语义表达的准确性，笔者在问卷量表定稿前邀请数位组织员工与领导针对研究问题和研究变量题项进行了半结构化访谈。

（1）问卷设计访谈的目的。

本书在进行问卷发放之前组织了小范围的问卷设计访谈，主要是基于如下考虑：一方面，工作场所不文明行为的研究在中国文化情境下尚处于初级阶段，特别是基于旁观者视角的研究几乎空白，进行访谈可以在理论分析的基础上结合组织中的实际情况，了解中国组织中的不文明行为状况,也帮助我们进一步思考和修正研究模型。另一方面,可以帮助我们进一步调整测量题项,本书对变量的测量均是采用西方较为成熟的量表,进行访谈可以帮助我们对题项的表述进行更精准的描述,保障测量题项在语义上的合理性。

(2) 问卷设计访谈的对象。

笔者通过私人关系联系了来自不同行业的6名员工和2名主管进行面对面的访谈。参与访谈的员工来自广告策划、银行、房地产、通信服务、传媒等多个行业,所在企业的性质包括国有企业、私营企业和外资企业(访谈对象基本信息见表3-1)。

表3-1 访谈对象基本信息

访谈对象	性别	职位	所在行业	企业性质
访谈对象 A	女	会计主管	传媒	国有企业
访谈对象 B	男	项目经理	房地产	私营企业
访谈对象 C	女	策划专员	广告	外资企业
访谈对象 D	女	柜员	银行	国有企业
访谈对象 E	女	人事专员	通信服务	国有企业
访谈对象 F	男	出纳	传媒	国有企业
访谈对象 G	男	程序员	IT	私营企业
访谈对象 H	女	信贷部内勤	银行	私营企业

(3) 问卷设计访谈的过程。

访谈采用半结构化的形式。为了保证访谈效果,对每一个被访谈者,笔者将时间控制在了40分钟之内,并在征得被访谈者同意之后对访谈过程进行了全程的录音,并对访谈的目的、访谈内容的匿名性和保密性做出了承诺(访谈提纲见附录一)。访谈分为两个阶段进行,第一阶段,首先,笔者咨询了被访谈者所在企业的性质、行业等背景信息;其次,笔者针对研究的内容,向被访谈者咨询其在工作中是否遭遇过或者是否曾观察到工作场所不文明行为,以及观察到这些不良行为之后其内在的感受以及可能的行为反应等。这一个阶段的时间花费为25~30分钟。访谈的第二阶段是针对研究中的题项,询问被试对测量题项的理解以及是否存在有疑问的地方,针对可能的问题与被试进行讨论,并就问卷发放的流程等进行探讨,以提升问卷发放过程的科学性和合理性。

(4) 问卷设计访谈的结果。

通过对2名主管和6名员工的问卷设计访谈,本书进一步明确了所研究的问题在中国组织中的实际情况,所访谈的 6 名员工均表示自己在工作中遭受过不文明对待,也能够经常观察到职场其他个体之间的不文明交互,并表示这些不文明行为或多或少地会对自己在工作中的情绪和公平认知产生一定的影响。这说明工作场所不文明行为在中国文化情境下也十分普遍,员工在职场中不仅会成为不文明行为的受害者,也经常作为旁观者而受到影响。所访谈的两名主管对不文明行为的体验和感触明显不如员工那么深刻,这也说明本书选取员工作为研究对象考察观察到的不文明行为对其影响的合理性。

在访谈的第二个阶段,我们就量表题项征求了被访谈者的意见,要求 6 名被访谈的员工审核时间点 1 和时间点 2 的员工问卷的题项,指出存在理解困难或词义表达不当的方面,并据此进行讨论和调整。要求 2 名被访谈的主管审核主管问卷的题项,指出他们认为表达不够清晰和准确的方面,并据此进行讨论和调整。

通过对 2 名主管和 6 名员工的访谈,本书进一步明确了研究问题,并初步核实了在中国文化情境下基于旁观者视角考核工作场所不文明行为影响的合理性和可行性,并对测量题项的准确性和语义表达的合理性进行了再次核实。由此,本书的小范围访谈基本实现了组织访谈的两个目的。

3.7 分析技术

本书的三项子研究涉及中介作用、调节作用和被调节的中介作用的检验。由此,本书拟采用 SPSS 19.0 和 AMOS 17.0 统计分析工具进行统计分析和实证检验。在子研究一和子研究二中,首先,利用 AMOS 17.0 对主要变量进行验证性因子分析,评估各潜变量之间的区分效度;其次,利用 SPSS 19.0 对变量进行信度分析、描述性统计检验和相关性分析;最后,采用多元线性回归考察中介作用以及采用 Preacher 和 Hayes(2008)开发的并列中介效应检验方法考察中介效应解释力的差异。对子研究三的检验,前两个步骤与子研究一和子研究二一致,第三个步骤是利用层级回归分析考察中介和调节作用,利用 Hayes(2013)提出的 SPSS/SAS 宏 Process 程序考察被调节的中介效应。

研究的总体设计框架如表 3-2 所示。

表 3-2 研究的总体设计框架

研究	研究内容	研究样本	研究模型
子研究一	工作场所不文明行为对旁观者工作有效性的影响，考察道义公平和程序公平在两者关系中的中介作用及差异	江西省4家大型企业231名主管及其下属	工作场所不文明行为 → 道义公平、程序公平 → 工作有效性（工作绩效、创造力）
子研究二	工作场所不文明行为对旁观者工作有效性的影响，考察道义公平和消极情绪在两者关系中的中介作用及差异	湖北省5家大型企业235名主管及其下属	工作场所不文明行为 → 道义公平、消极情绪 → 工作有效性（工作绩效、创造力）
子研究三	工作场所不文明行为对旁观者工作有效性的影响，考察道义公平的中介作用和公正世界信念的调节作用	江西省3家大中型企业157名主管及其下属	工作场所不文明行为 → 道义公平（受公正世界信念调节）→ 工作有效性（工作绩效、创造力）

第4章　工作场所不文明行为与旁观者工作有效性：基于道义公平理论与程序公平理论

4.1　研究目的与目标

工作场所人际交互，特别是与主管、同事的人际交互是影响员工工作有效性的重要情境因素。然而，工作中与主管、同事的人际交互并非总是积极的和友善的，存在多种消极的人际交互现象，如辱虐管理（abusive supervision）（Tepper, 2000）、职场排斥（workplace ostracism）（Ferris et al., 2008）、工作场所不文明行为（workplace incivility）（Andersson & Pearson, 1999）。虽然已有研究认识到对职场负面行为的消极作用负面影响，但学者们更多地将注意力投入那些强度高、具有明显伤害意图的负面行为上，忽视了在组织中频发且同样具有负面作用的工作场所不文明行为（Schilpzand, De Pater & Erez, 2016）。根据 Gallus 等（2014）工作场所不文明行为是职场最常见的反社会行为之一，其发生频率远高于其他强度高的职场负面行为。探讨工作场所不文明行为及其危害性是完善组织负面行为研究理论体系和管理实践界有效促进组织负面行为管理的需要。

经过近二十年的发展，工作场所不文明行为从概念提出到逐渐开始被组织行为研究者和组织管理实践者重视，然而相关的研究主要集中于探讨不文明行为中直接参与者（实施者和受害者）之间的互动和影响，基于旁观者视角的研究在数量上与前两者严重失调（Cortina, Kabat-Farr, Magley & Nelson, 2017），少有的旁观者视角研究专注于考察旁观者对不文明行为实施者和受害者的行为反应、行为意向等，却并未关注工作场所不文明行为作为重要的工作情境因素，是否以及如何影响旁观者的工作有效性（工作绩效和创造力）。

员工工作绩效和员工创造力是员工工作有效性的实现结果和持续性过程，与团队有效性和组织整体绩效休戚相关，然而现有研究鲜少探讨工作场所不文明行为与员工工作绩效和员工创造力之间的关系，屈指可数的工作场所不文明行为与员工创造力和员工绩效关系的研究（e.g. Hur, Moon & Jun, 2016；Shaeifirad, 2016）均是针对受害者视角，而且相关研究均是基于西方文化情境，未能探讨其在中国文化情境下的作用。事实上，中国文化中的高权力距离和集体主义价值观的作用导致员工更容易接受等级结构中权力的不对称（Hofstede, 1980；Hu & Judge 2017；Wang, Mao, Wu & Liu, 2012），高集体主义导向也可能导致员工对所观察到的不文明行为作出与个体主义文化下有差别的认知和行为反应（Li, Luo & Zhan, 2018）。

组织公平在组织负面行为对员工工作有效性的影响中具有重要作用（如Zhang, Lepine, Buckman & Wei, 2014；李宁琪、易小年，2010），组织公平理论的研究表明，组织公平是个体社会认知的重要成分，也能够直接影响员工的情绪、工作目标、工作投入、工作绩效等重要的结果（Colquitt & Zipzy, 2015）。然而近来研究出现的公平道义论模型与传统公平工具主义、人际关系模型在对公平的解释上存在区别，道义公平理论（denotic model of justice）认为，人们对于公平与否的判断并非不是出于自利的考虑，而是出于个体自身的道德直觉和责任（Folger, 1998, 2001），为公平研究，特别是基于旁观者视角的公平研究提供了新的思路和方向，但是相关研究并未据此进行探讨，只是研究传统公平工具主义和人际关系模型的作用或者将笼统地考察组织公平，这些不利于理论的进一步完善和发展，由此本书基于公平的道义论模型和传统公平工具主义和人际关系模型考察道义公平和程序公平在工作场所不文明行为与旁观者工作有效性作用效果的差异。这一方面是为了基于旁观者视角的工作场所不文明行为研究进行补充和完善，考察立足旁观者视角的道义公平能否在传统程序公平的基础上解释不文明行为对旁观者工作有效性的影响，有利于工作场所不文明行为文献的发展。另一方面是对公平理论的发展，特别是对道义公平理论的扩充和实证探索。

基于以上论述,本书拟结合道义公平理论和程序公平理论,探讨工作场所不文明行为对旁观者工作有效性的作用机制。基于道义公平理论考察道义公平在工作场所不文明行为与旁观者工作有效性关系中的中介作用,基于程序公平理论考察程序公平在工作场所不文明行为与旁观者工作有效性关系中的中介作用,并比较这两个中介作用的作用强度差异。本章的研究模型见图4-1。

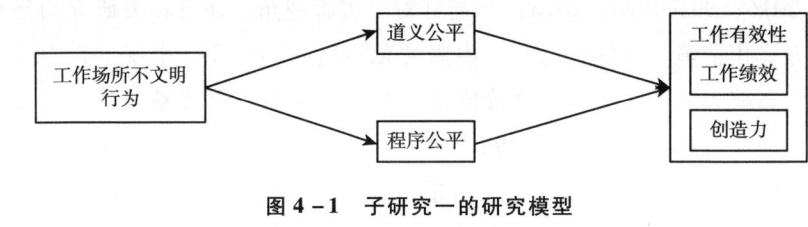

图4-1 子研究一的研究模型

4.2 理论与研究假设

4.2.1 工作场所不文明行为与旁观者工作有效性

已有研究发现,来自领导和同事的积极影响能够帮助员工提升工作绩效,促进员工在工作中创造力的发挥,如道德型领导行为(Mo & Shi, 2017)、变革型领导行为(Banks et al., 2016)、同事支持(Beehr, Jex, Stacy & Murray, 2000)等,而消极的领导或同事行为,如辱虐管理(Walter et al., 2015)、职场排斥(Zhang & Kwan, 2015)则会对阻碍员工工作绩效的提升和创造力表现。然而这些研究均基于职场负向行为中的直接参与者的视角,考察职场负向行为对受害者工作有效性的阻碍作用。对于工作场所不文明行为中的受害者,也有类似的研究,如Sliter等(2010)以银行话务员为样本的研究中发现,从资源保存的视角来看,遭受顾客不文明行为的员工会花费大量的资源用于抑制工作中的消极情绪,展现出工作中合适的情绪(即情绪劳动),其用于应对工作任务的资源就会被损耗,从而导致更低的服务质量。然而基于旁观者视角的研究并未过多关注旁观者工作有效性在工作场所不文明行为情境下的影响。Porath 和 Erez（2009）也曾尝试对此进行初步探索。

虽然现有研究很少考察过工作场所不文明行为对旁观者工作有效性（工作绩效和创造力）的影响，但结合工作场所不文明行为相关研究成果以及职场负向行为旁观者效应相关研究，我们认为工作场所不文明行为对旁观者工作有效性造成消极的影响，下面将分别进行论述。

首先，从概念上看，工作场所不文明行为指违背工作场所相互尊重的人际规范、伤害意图模糊、低强度的越轨行为（Andersson & Pearson, 1999）。无论是源自主管或是同事的不文明行为都违背了职场普遍接受和认同的规范，形成了不文明行为中受害者或旁观者的工作场所压力源（Miner & Eischeid, 2012; Schilpzand, Leavitt & Lim, 2016）。对于旁观者而言，其观察到的工作场所中粗鲁、无礼的人际对待，会形成其重要的职场压力源，即使并不直接参与其中，也会受到二次伤害（Figley, 1995），承受旁观者压力或牺牲（Ferguson & Barry, 2011）。观察到工作场所不文明行为，旁观者可能会对受害者受到的伤害感同身受，或者害怕自己成为之后被主管或同事不文明对待的目标（Robinson, Wang & Christan, 2014; Umphress, Simmons, Floger, Ren & Bobocel, 2013）。Schilpzand, Leavitt 和 Lim（2016）的研究发现，不文明行为作为职场的消极人际交互，会引发员工的任务相关压力的上升以及诱发员工在工作中的退缩行为（withdrawal behavior），而这些因素都被认为是会削弱员工完成工作的能力，负向影响员工的工作绩效表现和创造力表现（Byron, Khazanchi & Nazarian, 2011; Lin, Ma, Wang & Wang, 2015）。

其次，根据情感事件理论，人们的情感受到工作环境中多种因素的作用，情感不仅直接影响行为而且通过作用于员工的态度间接对行为产生影响（Weiss & Cropanzano, 1996）。工作场所不文明行为作为职场消极的人际交互事件，不仅会影响受害者的情绪和行为反应，也对旁观者的情绪和行为反应造成影响（Giumetti et al., 2013; Miner & Eischeid, 2012）。对旁观者而言，观察到的不文明行为虽然并不直接对其自身造成影响，但员工也会关心工作场所他人的幸福感和遭遇（Kollock, 1998），当旁观者知道自己在工作场所中同事被不当对待，会体验到与受害者感同身受的体验，源自对受害者认知或情感的同情（Gentry et al., 2002），或者因为害怕自己受到类似的不当对待而产生多种消极情绪（Lim et al., 2008），如愤怒、恼怒、憎恶等（Miner & Eischeid, 2012），Porath 和 Erez（2007）指出粗鲁行为与员工在工作中良好的表现是相悖的，并且消极情绪对员工工作表现的破坏效果要比积极情绪的积极作用强五倍（Miner, Glomb & Hulin, 2005）。由此这些消极的情绪体验不仅会对员工的工作绩效和创造力造成直接的消极作用（Hoobler & Hu, 2013；Ronald, Kathrin & Michael, 2013），而且会通过对员工工作态度的影响而间接驱动员工工作表现的下降（Penney & Spector, 2005）。

再其次，从个体提升工作有效性的内在动机来看，观察到来自主管、同事的不文明行为会影响员工在工作中提升工作有效性的内在动机。不文明行为作为职场普遍发生的消极现象向观察者传递了许多社会线索（Salancik & Pfeffer, 1978），例如，作为组织中关于组织规范和行为适当性的信息，如果在工作场所中领导和同事的行为十分频发，旁观者可能会认为不文明行为是被组织接纳和纵容的，而将这些不文明行为的发生归咎于组织管理的不完善，而产生对组织的不认同感，降低对组织的内部身份感知，从而减少在工作中的努力，由此降低员工在工作任务和创造力方面的表现（Li, Luo & Zhan, 2018）。此外，工作场所不文明行为营造出的组织环境或氛围信息也会对员工工作有效性产生影响，主管/同事良好的行为能够为员工创造一个支持性的环境来完成工作任务或从事创造性活动，并能为员工提供一定的知识、信息和经验，而主管/同事的不文明行为可能会破坏有利的组织创造氛围及知识分享意图，从而影响员工工作任务的完成，减损员工的创造力（Liao, Liu & Loi, 2010）。

最后，已有研究发现，工作场所不文明行为会激发员工的负向行为。具体来说，工作场所中来自主管或同事的不文明行为虽然并不直接针对旁观者，但是会引起旁观者的程序公平感，并导致一系列后续的认知和行为反应。如参与到针对不文明行为实施者的报复行为中（Turillo et al., 2002），启动旁观者内在的侵略性或反组织动机（O'Leary, Griffin & Grew, 1996）。员工可能为了恢复内在的程序公平而参与到多种对组织有害的行为中，如工作中的退缩行为、迟到和早退等行为，而这些行为最终都会对员工工作绩效和创造力产生消极影响，不利于员工工作有效性的发挥

(O'Fallon & Butterfield, 2012）。

由此，本书提出如下假设：

假设1：工作场所不文明行为对旁观者工作绩效有负向影响。

假设2：工作场所不文明行为对旁观者创造力有负向影响。

4.2.2　旁观者道义公平的中介作用

道义公平理论（deontic justice theory）认为，人们关注公平，并非出于自我利益的考虑，而是出于道德责任和公平本身，人们具有追求公平的内在动机，即使这样的行为存在成本（Floger，2001）。公平是一种伦理美德和道德义务，追求公平是最终目标而不是维护个人利益的手段（Cropanzano，Goldman & Floger，2005）。道义公平的体验源于个体关于人们应该被如何对待的道德假设，并激励个体做出符合伦理道德的反应。道义公平的理论为考察旁观者的反应提供了一个全新的思路和视角，有助于解释与自我利益不相关的情况下，为何旁观者会对他人的不当遭遇产生一些道德性的反应（Skarlicki，O'Reilly & Kulik，2015）。

O'Reilly 和 Aquino（2011）提出的道义公平模型指出，工作场所中观察到的多种负面行为都会引发旁观者的道义不公平。工作场所不文明行为研究发现，无论是主管或同事，甚至是顾客的不文明行为都会激发旁观者的道义不公平。工作场所不文明行为违背相互尊重人际规范的特点与个体内在道德提体系的人们在工作中被尊重对待的期望是相悖的（Andersson & Pearson，1999），所以旁观者在观察到主管或者同事的粗鲁、无礼行为之后，就违背了其内在的道德期望而产生道德直觉（O'Reilly & Aquino，2011），这些道德直觉可能并不是旁观者有意识的行为，而是无意识的反应。在产生道德直觉的同时，旁观者会体验到道德愤怒（道义公平的核心维度）（Lotz et al.，2011），并产生于基于道德的行为反应。在 Reich 和 Hershcovis（2015）的研究中发现，工作场所不文明行为中的旁观者会对其所观察到的不文明行为作出道义公平的回应，即旁观者观察到来自主管或同事的不文明行为会引发员工的道德不公平。Herschovis 和 Bhatnagar（2017）的研究基于服务交互情景，考察服务交互中当旁观顾客观察到其他顾客对服务员工的不文明行为时，其道义公平会受到损害，产生道德愤怒和同理心。以上理论和实证分析均表明,工作场所不文明行为对旁观者道义公平产生消极的作用。

当旁观者感知到道义不公平之后,在内在道德动机的驱动下,会试图通过多种方式消除内心的道义不公平感,认为恢复公平,消除或纠正不公平的现象是"做正确的事"(Rupp & Bell, 2010),即使纠正不公平的过程需要旁观者付出代价,他们仍然可能这样做(Floger, 2001)。旁观者纠正不公平主要是通过三种方式进行:其一是帮助受害者;其二是惩罚实施者(Darley & Pittman, 2003; Reich & Herschovis, 2015);其三是通过自己工作中消极怠工或罢工等方式引起组织对不公平事件的注意和处理(Skarlicki & Kulik, 2004)。其中前两种直接针对违背道义公平的直接参与方,而第三种方式是针对自身的行为反应。这三种方式中任何一种都会影响旁观者自身的工作有效性,不利于员工在工作中有良好的绩效和创造力表现。在第三种方式中,旁观者消极怠工和旷工行为都是与提升工作有效性直接相悖的,势必会阻碍员工在工作中工作绩效和创造力的提升。第一种和第二种方式,员工对实施者进行惩罚和对受害者给予帮助,都会消耗员工正常的工作时间和工作中的资源,导致员工用于提升工作有效性的资源被占用,造成员工投入提升工作绩效和创造力的资源的相对减少,从而阻碍员工工作绩效和创造力。从员工提升工作有效性的内在动机来看,不文明行为及其引发的旁观者道义不公平感,会阻碍员工在工作中自我提升和自我增强的动机(Chen et al., 2013),甚至是产生工作中的退缩行为(Miner-Rubino & Cortina, 2004),这些都表明不文明行为及其对旁观者道义公平的影响会阻碍员工在工作中提升工作绩效和创造力的内在动机。

综上所述,工作场所中不文明行为会引发旁观者的道义不公平,而旁观者纠正道义不公平的过程和方式均会对其自身的工作有效性(工作绩效和创造力)产生消极作用。由此,本书进一步推测,旁观者的道义公平能够传导工作场所不文明行为对其工作有效性的影响。基于以上论述,本书提出如下假设:

假设3:道义公平在工作场所不文明行为与旁观者工作绩效的关系中发挥中介作用。

假设4:道义公平在工作场所不文明行为与旁观者工作创造力的关系中发挥中介作用。

4.2.3 旁观者程序公平的中介作用

程序公平是组织公平的重要组成部分，是传统公平工具主义模型和公平人际关系模型的代表性概念，指在组织中决策时所使用的方法和程序是否公平（Greenberg，1990）。程序公平理论认为，人们不仅关注结果是否公平，而且还关注决策程序的公正性。在多项研究中发现，相对于组织内的分配公平和互动公平，程序公平能够更准确和有效地预测员工在工作中的各项角色内与角色外行为，以及员工工作有效性。例如，Cohen-Charash 和 Spector（2001）收集了 190 项研究元分析发现，员工的工作绩效、工作中的反生产行为和组织公民行为都主要是由员工的程序公平所决定的，这些员工工作结果变量与员工程序公平的相关系数远高于组织公平的其他维度（包括分配公平和互动公平），员工程序公平可以作为员工工作有效性最佳的预测指标。

根据程序公平理论，如果个体在工作中感知决策程序的一致性、准确性、无偏性受到了损害，或者决策制定者未能接纳不同的意见，就会产生程序不公平感（Colquitt et al.，2013）。程序公平反映的是对组织中的各项程序公正合理的感知，也是员工对组织法治情况的感知（Sun et al.，2013）。侯方俊、马红宇和梁娟（2017）指出在实际的工作生活中，个体程序公平相关的事件往往更多地源于对他人程序公正经历的判断，而不是源自自身的经历。这为基于旁观者视角考察观察到的工作场所不文明行为与旁观者程序公平提供了足够的契机。以往的研究也发现，组织员工的程序公平感知既可能源于自身的经历也可能是所观察到的情况。一方面个体会将组织遭遇会观察到的违背规范负面行为归咎于组织程序上的不公正，如 Zellars，Tepper 和 Duffy（2002）的研究发现；另一方面员工会将主管的辱虐管理行为解读为对程序公平的违背。Mccabe 等（2001）的研究也发现，学生会将自己观察到的其他同学的负向行为（如作弊）解读为对程序公平的违背，而降低自身的程序公平感。对于旁观者而言，观察到工作场所不文明行为虽然并不直接影响旁观者自身的利益，但向旁观者传递了关于组织法制程序的信息，旁观者观察到的工作场所中不文明行为是违背工作场所规范的，这与在组织中需要相互尊重的期望时相违背的，也就会导致旁观者程序不公平的感知。Lim 等（2008）指出缺乏明确组织程序，不能被组织正式地制裁也是工作场所不文明行为的典型特征，由此旁观者可能会将观察到的不文明行为归咎于组织正式惩罚程序的缺失，质疑组织内程序的完备性和合理性，损害其程序公平感。正如 Petrucc（2013）所言，工作场所不文明行为与程序公平存在一些相同的特征，如尊重、敏感、关心和遵守规范等。这也说明旁观者在观察到工作场所主管和同事的不文明行为之后，程序公平感会不断降低。

组织公平理论认为，员工通常容易接受一个相对差的结果，如果他们相信这一结果是由公平的程序产生的（Van den Bos et al., 2001）。即程序公平并非是完全自我利益取向的（Caza, McCarter & Northcraft, 2015）。程序公平对员工的影响并不局限与程序公平本身，而会对员工在工作中的态度、行为和工作有效性等产生影响。根据程序公平的过程控制模型，程序公平对员工而言是在组织中自由表达观点的机会，可以满足员工在群体中的自由表达观点和自尊的需要，而这些都会影响员工在工作中为组织做贡献的动机和实际行为，即推动员工通过各种方式不断提升自我工作绩效以及在组织中的创造力。公平的启发理论认为，在不能够获取充分信息的情况下，个体会通过程序公平来推断总体公平以及做出更多其他相关的判断。员工的程序公平会促进其对组织、对组织管理者的认同和信任（van Knippenberg & Hogg, 2003；Tyler & Lind, 1992），而这些都与员工在工作中工作绩效和创造力休戚相关，国内外的多项研究多次证明了程序公平对员工工作绩效的影响，如 Simmons（2011）的研究指出程序公平与创造力组成理论的三个基本成分都有负向关联，根据群体价值模型员工的程序公平表现了其在组织中是否以及多大程度上被重视的信息，并且会影响员工努力工作的内在动机，由此对员工创造力的表现产生消极作用。Chien 等（2010）的基于中国台湾文化情境下的研究发现，当员工拥有高水平的程序公平感时，会对组织及组织决策中产生高水平的信任，并通过高水平的工作绩效表现来作出回应。

综上所述，工作场所中不文明行为会引发旁观者的程序不公平感，而旁观者的工作有效性（工作绩效和创造力）都与员工的程序公平感有着紧密的正相关关系。由此，我们会进一步推测，旁观者的程序公平能够传导工作场所不文明行为对其工作有效性的影响。基于以上论述，本书提出如下假设：

假设5：程序公平在工作场所不文明行为与旁观者工作绩效的关系中发挥中介作用。

假设6：程序公平在工作场所不文明行为与旁观者创造力的关系中发挥中介作用。

4.2.4　道义公平和程序公平中介作用的差异

前述的4.2.2小节和4.2.3小节分别阐述了道义公平和程序公平在工作场所不文明行为与旁观者工作有效性（工作绩效和创造力）关系中的中介作用。进一步地，这两个变量的中介效果是否存在差异？已有研究分别考察了道义公平和程序工作在工作场所不文明行为与员工工作结果之间的中介作用。如Reich和Hershcovis（2015）的研究也验证了道义公平理论在工作场所不文明行为与旁观者针对不文明行为实施者和受害者的行为之间的作用。Caza和Cortina（2007）的研究验证了程序公平在工作场所不文明行为与员工幸福感和绩效关系中的中介作用，但尚未有研究同时考察和比较这两者在工作场所不文明行为与员工工作结果关系中的中介效果，且这些研究也并未直接考察工作场所不文明行为对旁观者工作有效性的过程（创造力）和结果（工作绩效）。本章认为，在工作场所不文明行为与旁观者工作有效性（工作绩效和创造力）的关系之间，道义公平和程序公平的中介作用存在区别，其具体差别取决于工作有效性的类型。工作绩效是员工工作有效性的结果，是员工在工作描述或工作说明书中明确描述的员工工作角色内的工作任务和要求（Motowidlo & Scotter，1994）。

关于组织公平与员工工作绩效的研究，无论是实验研究还是问卷研究也多次验证了程序公平对员工工作绩效的密切联系，而且一项元分析结果表明，程序公平是员工工作绩效的高效预测指标，程序公平对员工工作绩效的影响强于人际公平和分配公平等其他组织公平的维度（Cohen-Charash & Spector，2001）。因此，程序公平是工作场所不文明行为影响旁观者工作绩效的重要中介变量。此外，程序公平作为传统公平工具主义模型和人际关系模型的代表，体现的是员工的理性认知动机（Bies & Tripp，2001）。而道义公平植根于公平的道义论模型，是员工基于道德义务本身的考虑对所观察到的不公平现象的认知和反应，更多地体现员工感性认知动机（Floger，2001）。程序公平的理性认知动机与员工工作绩效的性质是类似的，工作绩效作为员工的角色内职责和要求，无论自身的感性认识如何，在组织之内都必须受到组织绩效规则的制约而完成职责内的要求和任务，员工工作绩效更多地受其理性认知的驱动。因此，道义公平在工作场所不文明行为与旁观者工作绩效之间的传递效应相对较弱。

不同于员工的工作绩效，创造力是员工在工作中所展现的提出既新颖又实用的想法的能力，虽然创造力在当代明确被许多组织所呼吁和倡导，但在组织内并不是被量化的强制性考核指标（Shalley，1991）。因此，组织中员工的创造力表现更具备自发性和意愿性的特征。创造力的组成理论认为，创新领域相关知识、内在动机和创新相关的过程。其中内在动机是员工主观的认知和态度，取决于员工感性的动机。已有创造力相关的研究或元分析成果也大量考察的是员工情感等感性因素对创造力的影响。因此，员工创造力作为工作说明书之外对员工的要求，可能更多地受到员工感性认知的道义公平所驱动。

根据以上论述，本书提出如下假设：

假设7：在工作场所不文明行为与旁观者工作绩效的关系之间，旁观者程序公平的中介作用强于道义公平。

假设8：在工作场所不文明行为与旁观者创造力的关系之间，旁观者道义公平的中介作用强于程序公平。

4.3 研究方法

4.3.1 研究程序和研究样本

本章的研究样本来自江西省四家大型企业，涉及的行业包括制造业、通信服务业、零售业和建筑行业。为了保证问卷发放回收的准确性，研究

第4章 工作场所不文明行为与旁观者工作有效性：基于道义公平理论与程序公平理论

者事先与所调研企业的人力资源管理部门取得联系，获取了调研企业员工名录，并随机抽取适当员工和他们的主管进行配对和编号。为了保证问卷调查的准确性和数据的隐秘性，调查问卷均装在封口贴有双面胶的信封中，并告知被调查者在填制完成问卷之后即可用双面胶密封。本章分别在2个时间点对这些来自不同行业的300名员工和其主管进行问卷调查。在时间点1的调查对象是员工，要求其对观察到的工作场所不文明行为进行评价，在时间点2的调查对象是员工及其主管，要求主管填制员工工作有效性的信息，包括工作绩效和创造力。员工个人对其道义公平感、程序公平感进行评价。两次问卷调查的时间间隔是1个月。在时间点1，本章共发放问卷300份，回收288份。在时间点2，向完成问卷1的288员工及其主管发放问卷，回收260份。

在收回所有的问卷之后，研究者对问卷进行配对和筛选，将无法配对或空白过多、反应倾向过于明显的问卷进行剔除，最终获取231份有效问卷。有效回收率为77%。样本的构成情况如表4-1所示，样本中男性127人，占比为55%，女性104人，占比为45%；年龄在25岁及以下的员工46人，占比为19.9%，26~29岁65人，占比为28.1%，30~39岁员工67人，占比为29%，40岁及以上员工53人，占比为22.9%；已婚员工130人，占比为56.3%，未婚员工101人，占比为43.7%。

表4-1　　　　　样本基本信息（子研究一）

名称	项目	数量（份）	百分比（%）
性　别	男	127	55
	女	104	45
年　龄	25岁及以下	46	20
	26~29岁	65	28.1
	30~39岁	67	29
	40岁及以上	53	22.9
婚姻状况	已婚	130	56.3
	未婚	101	43.7
受教育程度	大专及以下	159	68.9
	本科	41	17.7
	硕士及以上	31	13.4

4.3.2 研究工具

本章涉及的变量包括工作场所不文明行为、道义公平、程序公平、工作绩效和创造力。本章一方面尽量选择以往在中国文化情境下被使用过使用且表现出较好的信度和效度的量表；另一方面对于英文版的量表，严格遵循 Brislin（1980）提出的"翻译—回译"程序将原始的英文问卷转换成中文版问卷进行使用。

（1）工作场所不文明行为。

本章采用 Cortina 等（2001）所开发的7题项量表测量工作场所不文明行为。该量表在工作场所不文明行为研究中被广为使用，具有良好的信度和效度（e.g. Trudel & Reio，2011）。Chen 等（2013）在中国文化情境下的研究说明该量表表现出较好的心理测量学属性，国内学者毛畅果和孙健敏（2013）的研究也验证了该量表在中国文化情境下的适用性。以往的研究发现该量表不仅用于受害者视角（e.g. Chen et al.，2013）和实施者视角（e.g. Trudel & Reio，2011）的测量，也被用作旁观者视角的测量（Miner & Eischeid，2012）。该量表包含7个题项，代表性题项如"轻视或以居高临下的方式对待他人"。在本书中采用 Likert5 点式计分，从 1~5 分别表示"完全不同意"~"完全同意"。

（2）道义公平。

本章采用 Beugré（2012）编制的道义公平量表中核心维度"道德愤怒"（moral outrage）分量表来考察旁观者的道义公平。在已有的研究中，如王端旭等（2017）和 Zheng（2015）均是采用类似的做法考察旁观者对所观察到的职场负向行为的道义公平感知。该量表包含4个题项，代表性题项如"观察到他人遭受不公平待遇时，会感到难过"。在本章中采用 Likert5 点式计分，从 1~5 分别表示"完全不同意"~"完全同意"。

（3）程序公平。

本章采用 Price（2001）所开发的程序公平量表考察旁观者的程序公平感知。该量表包含6个题项，考察员工对组织中规则和规定执行程序的公正性，代表性题项包括"组织中的规章制度对所有员工都平等实施"。国内学者王振源和张一驰（2006）曾在中国文化情境下运用该量表并证实了该量表在中国文化情境下的适用性和良好的心理测量学属性。

（4）工作绩效。

本章对工作绩效的界定主要是工作结果相关的指标，根据这一界定，我们采用了 Williams 和 Anderson（1991）所开发的五题项员工工作绩效量表。虽然该量表的开发时间较早，但直到近年来，该量表仍然被广为使用，如 Methot（2015）运用该量表考察职场多重友谊关系对员工工作绩效的影响。在本章中采用 Likert5 点式计分，从 1～5 分别表示"完全不同意"～"完全同意"。

（5）创造力。

本章中员工在工作中的创造力由其主管进行评价，采用了 Farmer，Tierney 和 Kung-Mcintyre（2003）所开发的创造力测量工具，该测量工具在创造力研究中也多次被使用，如刘文兴、廖建桥和张鹏程（2012）的研究就在中国文化情境下运用了该量表。该量表包含 4 个题项，代表性题项如"以有创意的方式解决工作问题"。

（6）控制变量。

以往关于员工工作绩效和创造力的研究发现，人口统计变量可能会对员工在工作中的绩效和创造力表现产生影响，如年龄、性别和受教育程度等（Gong, Cheung, Wang & Huang, 2012）。因此，在回归方程中，本章对这些人口统计学变量进行了控制。

4.3.3 分析策略

本章主要使用了 SPSS 20.0 和 Amos 17.0 两种数据分析工具对数据进行分析。具体来讲，首先，使用验证性因素分析检验所测量的各变量之间结构的独立性；其次，运用 Harman 单因素分析考察共同方法偏差；再其次，使用均值、标准差、相关系数及信度系数对变量和变量之间的关系进行初步描述；最后，使用多元回归分析、Bootstrapping 分析对相关研究假设进行检验。由于研究涉及中介效应大小的检验，本章遵循 Preacher 和 Hayes（2008）所提出的并列中介效应检验方法，分别建立工作绩效和创造力对工作场所不文明行为的回归方程，计算程序公平和道义公平在其中间接效应的大小，并通过 Bootstrapping 估计它们的间接效应在 90% 水平下偏差校正的置信区间，由此推断其中介效应是否存在显著差异。

4.4 数据分析与假设检验

4.4.1 信度分析

本章运用 Cronbach's α 系数和 CITC 值法考察研究变量的信度。这两种方式都是当前研究中常用的信度指标。一般来说,当某一个题项的 CITC (corrected item-total correlation,即每一项与其他剩余项之间的相关关系) 低于 0.5 且删除该题项之后的 Cronbach's α 系数高于原来的整体 Cronbach's α 系数,则要删除该题项。

具体来说,各主要变量的信度分析如下:

(1) 工作场所不文明行为的信度分析。

表 4-2 描述了工作场所不文明行为量表的 CITC 值以及 Cronbach's α 系数。根据表 4-2,工作场所不文明行为量表的 Cronbach's α 系数为 0.909,工作场所不文明行为的 7 个题项的 CITC 值均大于 0.5,且任意一个题项的删除所得到的 α 系数都不高于量表整体的 α 系数,因此,本章所采用的工作场所不文明行为量表符合心理测量学的信度要求,量表中的 7 个题项均可以保留,无须删除。

表 4-2　　工作场所不文明行为量表的信度 (子研究一)

编号	CITC 值	删除该项目后的 α 系数	整体 α 系数
WI1	0.663	0.902	0.909
WI2	0.783	0.889	
WI3	0.727	0.895	
WI4	0.772	0.890	
WI5	0.736	0.894	
WI6	0.697	0.898	
WI7	0.702	0.898	

第 4 章　工作场所不文明行为与旁观者工作有效性：基于道义公平理论与程序公平理论

(2) 道义公平的信度分析。

表 4-3 描述了道义公平量表的 CITC 值以及 Cronbach's α 系数。根据表 4-3，道义公平量表的 Cronbach's α 系数为 0.841，道义公平的 4 个题项的 CITC 值均大于 0.5，虽然第四个题项删除之后的 Cronbach's α 系数 0.842 略高于整体的 Cronbach's α 系数 0.841，但并不同时符合两个删除条件，因此道义公平量表中的 4 个题项均可以保留，无须删除。

表 4-3　　　　　道义公平量表的信度（子研究一）

编号	CITC 值	删除该项目后的 α 系数	整体 α 系数
DJ1	0.633	0.816	0.841
DJ2	0.768	0.756	
DJ3	0.727	0.776	
DJ4	0.584	0.842	

(3) 程序公平的信度分析。

表 4-4 描述了程序公平量表的 CITC 值以及 Cronbach's α 系数。根据表 4-4，程序公平量表的 Cronbach's α 系数为 0.907，程序公平 6 个题项的 CITC 值均大于 0.5，且任意一个题项的删除所得到的 α 系数都不高于量表整体的 α 系数，因此，本章所采用的程序公平量表符合心理测量学的信度要求，量表中的 6 个题项均可以保留，无须删除。

表 4-4　　　　　程序公平量表的信度（子研究一）

编号	CITC 值	删除该项目后的 α 系数	整体 α 系数
PJ1	0.663	0.687	0.907
PJ2	0.783	0.736	
PJ3	0.727	0.752	
PJ4	0.772	0.720	
PJ5	0.697	0.761	
PJ6	0.702	0.811	

(4) 工作绩效的信度分析。

表 4-5 描述了工作绩效量表的 CITC 值以及 Cronbach's α 系数。根据表 4-5，工作绩效量表的 Cronbach's α 系数为 0.808，工作绩效量表 5 个题

项的 CITC 值均大于 0.5，且任意一个题项的删除所得到的 α 系数都不高于量表整体的 α 系数，因此，本章所采用的工作绩效量表符合心理测量学的信度要求，量表中的 5 个题项均可以保留，无须删除。

表 4-5　　　　　工作绩效量表的信度（子研究一）

编号	CITC 值	删除该项目后的 α 系数	整体 α 系数
EP1	0.535	0.788	
EP2	0.696	0.740	
EP3	0.533	0.788	0.808
EP4	0.623	0.762	
EP5	0.593	0.773	

（5）创造力的信度分析。

表 4-6 描述了创造力量表的 CITC 值以及 Cronbach's α 系数。根据表 4-6，创造力量表的 Cronbach's α 系数为 0.773，创造力量表 4 个题项的 CITC 值均大于 0.5，且任意一个题项的删除所得到的 α 系数都不高于量表整体的 α 系数，因此，本章所采用的创造力量表符合心理测量学的信度要求，量表中的 4 个题项均可以保留，无须删除。

表 4-6　　　　　创造力量表的信度（子研究一）

编号	CITC 值	删除该项目后的 α 系数	整体 α 系数
EC1	0.548	0.740	
EC2	0.633	0.687	0.773
EC3	0.581	0.717	
EC4	0.555	0.729	

4.4.2　效度分析

本章采用验证性因子分析的方法考察研究变量的构念效度和区分效度。由于本章的主要变量包含工作场所不文明行为、道义公平、程序公平、工作绩效和创造力，由此本章构建了 5 因子基准模型、4 因子模型、3 因子模型、2 因子模型和单因子模型来考察各研究变量之间的区分效度。

各模型的拟合指数如表4-7所示。根据表4-7,观察数据与5因子模型的拟合度很好（χ^2/df = 1.824,NFI = 0.92,TLI = 0.94,CFI = 0.93,RMR = 0.07,RMSEA = 0.06）,各拟合指标达到了学界认可的标准,且明显优于其他四个替代模型,这表明本章所涉及的5个变量具有良好的区分效度。

表4-7　　　　　　　验证性因子分析结果（子研究一）

模型	χ^2	df	χ^2/df	NFI	TLI	CFI	RMR	RMSEA
5因子	527.21	289	1.824	0.92	0.94	0.93	0.07	0.06
4因子	716.35	293	2.445	0.88	0.85	0.81	0.09	0.09
3因子	995.082	296	3.362	0.78	0.77	0.75	0.11	0.10
2因子	1538.955	298	5.164	0.72	0.69	0.71	0.13	0.11
单因子	1660.072	299	5.552	0.63	0.65	0.68	0.14	0.13

注：4因子模型合并工作绩效与创造力；3因子模型合并道义公平和程序公平,工作绩效与创造力；2因子模型合并工作场所不文明行为、道义公平和程序公平,工作绩效与创造力,单因子模型合并所有变量。

4.4.3　共同方法偏差的检验

虽然本章在两个时间点采集员工—主管配对样本进行检验,但研究中工作场所不文明行为、道义公平和程序公平均由员工自评,可能存在共同方法偏差的问题,由此本章采用 Harman（1960）单因素检验和验证性因子分析考察共同方法偏差。Harman 单因素检验的做法是将所有的测量指标放在一起进行未旋转（unrotated）的因子分析,如果只能析出一个因子或者第一个因子解释了绝大部分变异即可说明共同方法偏差较为严重。本章对所有的测量题项 Harman 单因素分析结果发现,一共析出五个因子,且第一个因子的解释率为24%,表明共同方法偏差在本章中并未造成严重的问题。

4.4.4　研究变量的相关分析

表4-8展示了本章各研究变量的均值、标准差、变量间的相关系数

等。根据表 4-8，工作场所不文明行为与旁观者道义公平显著负相关（r = -0.233，p < 0.01），与旁观者程序公平显著负相关（r = -0.493，p < 0.01），与旁观者工作绩效显著负相关（r = -0.466，p < 0.01），与旁观者创造力显著负相关（r = -0.338，p < 0.01）；道义公平与旁观者工作绩效显著正相关（r = 0.260，p < 0.01），与旁观者创造力显著正相关（r = 0.321，p < 0.01）；程序公平与旁观者工作绩效显著正相关（r = 0.532，p < 0.01），与旁观者创造力显著正相关（r = 0.347，p < 0.01）。这些相关分析的结果为本章的理论模型提供了初步的支持。

此外，性别、年龄、婚姻状况、学历等人口统计特征因素与本章中的主要变量的相关性并不大，但为了更准确地考察各主要变量之间的关系，本章在回归分析中仍将这些人口统计特征变量作为控制变量处理。

表 4-8　各变量均值、标准差和相关系数（子研究一）

变量	M	SD	1	2	3	4	5	6	7	8
1. 性别	1.45	0.499								
2. 年龄	2.68	1.039	0.078							
3. 婚姻状况	1.44	0.497	-0.078	-0.073						
4. 学历	1.45	0.720	0.068	0.122	0.109					
5. 不文明行为	2.23	0.760	0.140*	-0.042	-0.016	0.042				
6. 道义公平	3.06	0.883	-0.070	0.061	0.038	0.061	-0.233**			
7. 程序公平	3.15	0.892	-0.118	-0.130*	-0.017	0.130*	-0.493**	0.445**		
8. 工作绩效	3.71	0.707	-0.047	-0.011	-0.048	-0.011	-0.466**	0.260**	0.532**	
9. 创造力	3.72	0.724	0.091	-0.024	0.077	-0.024	-0.338**	0.321**	0.347**	0.287**

注：N = 231；显著性水平 * 表示 p < 0.05；** 表示 p < 0.01。

4.4.5　假设检验

本章首先采用 SPSS 20.0 工具的多元线性回归来检验相关的研究假设。回归分析结果如表 4-9 所示。首先，将人口统计特征变量纳入回归模型；其次，逐步将自变量（工作场所不文明行为）纳入回归模型。根据表 4-9，工作场所不文明行为与旁观者工作绩效存在显著的负相关关系（β = -0.473，p < 0.01），与旁观者创造力显著负相关（β = -0.334，p <

第 4 章 工作场所不文明行为与旁观者工作有效性：基于道义公平理论与程序公平理论

0.01）。由此，本章的假设 1 和假设 2 得到了验证。

表 4-9　　　　　　　道义公平和程序公平的中介作用

自变量	道义公平	程序公平	工作绩效			创造力		
			模型 1	模型 2	模型 3	模型 4	模型 5	模型 6
性别	-0.041	-0.045	0.005	0.011	0.022	-0.036	-0.025	-0.025
年龄	0.028	-0.006	-0.035	-0.040	-0.033	0.073	0.066	0.075
婚姻状况	0.021	0.082	0.196	0.192	0.164	0.002	-0.004	-0.018
学历	0.049	-0.157	-0.051	-0.059	0.010	-0.043	-0.056	-0.006
不文明行为	-0.225**	-0.495**	-0.473**	-0.437**	-0.281**	-0.334**	-0.276**	-0.215**
道义公平				0.161*			0.256**	
程序公平					0.388**			0.240**
R^2	0.06	0.27	0.258	0.283	0.368	0.12	0.18	0.16
ΔR^2				0.024*	0.109		0.06	0.04
F	7.211**	16.555**	15.672**	19.823**	21.707**	6.29**	8.44**	7.34**

注：$N=231$；* 表示 $p<0.05$；** 表示 $p<0.01$。

本章采用 Baron 和 Kenny（1986）的分步分析法检验道义公平和程序公平的中介作用。首先，需要满足自变量对因变量有显著影响，根据表 4-9，在控制了性别、年龄、婚姻状况和学历之后，工作场所不文明行为对工作绩效（$\beta=-0.473$，$p<0.01$）和创造力（$\beta=-0.334$，$p<0.01$）均有着显著的负向影响，这就满足了第一个条件。其次，需要满足自变量对中介变量有显著影响，根据表 4-9，在控制了性别、年龄、婚姻状况和学历之后，工作场所不文明行为对道义公平（$\beta=-0.225$，$p<0.01$）和程序公平（$\beta=-0.495$，$p<0.01$）均有着显著的负向影响，这就满足了第二个条件。最后，需要在控制了中介变量之后，中介变量对因变量的影响显著，且自变量对因变量的影响减弱或者不显著。根据表 4-9，当中介变量被纳入回归模型之后，道义公平对工作绩效（$\beta=0.161$，$p<0.01$）和创造力（$\beta=0.256$，$p<0.01$）有显著影响，但工作场所不文明行为对工作绩效（$\beta=-0.437$，$p<0.01$）和创造力（$\beta=-0.276$，$p<0.01$）的影响减弱了，这表明道义公平在工作场所不文明行为与旁观者工作绩效和创造力的关系中发挥部分中介作用。同样，程序公平对工作绩效（$\beta=0.388$，$p<0.01$）和创造力（$\beta=0.240$，$p<0.01$）有显著

的正向影响，但此时工作场所不文明行为对工作绩效（β＝－0.281，p＜0.01）和创造力（β＝－0.215，p＜0.01）的影响均减弱了。这表明程序公平在工作场所不文明行为与旁观者工作绩效和创造力的关系中也发挥部分中介作用。由此，本章的假设3、假设4、假设5和假设6得到了支持。

本章进一步用 Bootstraping 中介检验（Preacher, Rucker & Hayes, 2007）考察旁观者道义公平和程序公平的中介作用。表4-10给出了间接效应比较检验结果。在工作场所不文明行为对旁观者工作绩效的影响上，道义公平和程序公平均有显著的中介作用，其间接效应分别为－0.01和－0.17，且程序公平的中介效应强于道义公平（90%的校正偏差置信区间为 [0.07, 0.27]，不包含0），支持了假设7。在工作场所不文明行为对旁观者创造力的影响上，道义公平和程序公平均有显著的中介作用，间接效应值分别为－0.04和－0.07，但间接效应无显著差异，间接效应90%的校正偏差置信区间为 [－0.07, 0.11]，假设8未得到验证。

表4-10　道义公平和程序公平的间接效应比较结果

	Bootstrapping 估计	置信区间
工作场所不文明行为→道义公平/程序公平→工作绩效		
总间接效应	－0.18	[－0.27, －0.10]
通过道义公平的间接效应	－0.01	[－0.04, －0.02]
通过程序公平的间接效应	－0.17	[－0.27, －0.09]
总间接效应差异	0.16	[0.07, 0.27]
工作场所不文明行为→道义公平/程序公平→创造力		
总间接效应	－0.11	[－0.18, －0.04]
通过道义公平的间接效应	－0.04	[－0.10, －0.01]
通过程序公平的间接效应	－0.07	[－0.14, －0.00]
总间接效应差异	0.02	[－0.07, 0.11]

注：N＝231，Bootstrap 抽样次数＝5000。

4.5 研究结论与讨论

虽然工作场所不文明行为对旁观者的负面效应已被学术界所认识,但相关研究均是基于受害者视角,并未探讨工作场所不文明行为对旁观者工作有效性(工作绩效和创造力)的影响,以及两者之间通过何种机制发生作用。基于此,本章基于中国文化情境,以 231 对主管—员工为研究对象对此进行了考察,主要的研究结论包括:

首先,本章基于中国文化情境考察工作场所不文明行为对旁观者工作有效性(工作绩效和创造力)的影响,研究结果表明,工作场所不文明行为不仅会影响旁观者工作有效性的过程(创造力),也对旁观者工作有效性的结果(工作绩效)带来消极的作用效果。虽然已有的研究认为工作场所不文明行为会对旁观者的认知和行为造成影响,但主要关注的是旁观者对不文明行为中直接参与者的态度和行为(Schilpzand, Pater & Erez, 2016)。本章基于旁观者视角考察不文明行为的影响,是对已有研究的补充和拓展。新近的研究越来越多地关注不文明行为对旁观者的影响,如影响旁观者针对不文明行为实施者和受害者的行为反应,影响其认知和情绪(Herschovis & Bhatnagar, 2017; Reich & Hershcovis, 2015),但很少有研究关注不文明行为所引发的旁观者针对自身的行为反应和影响。旁观者视角的工作场所不文明行为研究很少关注工作场所不文明行为对旁观者工作绩效的影响,而且尚未涉及旁观者的创造力,本章首次引入员工在工作中有效工作的过程(创造力)和有效工作的结果(工作绩效),有效地补充了旁观者视角的工作场所不文明行为研究,拓展了工作场所不文明行为对旁观者影响的作用后果。

其次,本章分别基于公平道义论模型、公平工具主义模型和人际关系模型提出道义公平和程序公平在工作场所不文明行为与旁观者工作有效性(工作绩效和创造力)关系中的作用,研究结论证实了道义公平和程序公平在工作场所不文明行为与旁观者工作有效性(工作绩效和创造力)的关系中均具有解释力(发挥部分中介的作用)。这说明工作场所不文明行为会通过公平认知的机制影响旁观者有效工作的过程和结果。不文明行为对旁观者工作有效性的影响既可以通过感性的公平认知（道义公平），也可以通过理性的公平认知（程序公平）发挥作用，这有效补充和完善了公平的道义论模型，是对道义公平理论的再次验证和实证探索新尝试。

再其次，研究结论显示，在工作场所不文明行为与旁观者工作绩效的关系中，程序公平的中介作用强于道义公平，这与以往的研究中程序公平是员工工作绩效的高效预测指标的结论是一致的（Cohen–Charash & Spector, 2001），并说明程序公平对员工工作绩效的影响不仅强于人际公平和分配公平，也强于道义公平。在工作场所不文明行为与旁观者创造力的关系中，道义公平和程序公平的中介作用无显著差异。这可能是由于在当代职场，完成工作任务、实现一定的绩效和发挥创造力都成为组织对员工的要求（Vincent & Kouchaki, 2016; Zhou & Hoever, 2014）。

最后，本章首次比较并证实了不同理论机制对工作场所不文明行为对旁观者工作有效性（工作绩效和创造力）影响效果的相对解释力。在工作场所不文明行为研究中，组织公平理论被广泛运用，但研究者往往考虑的是基于公平工具主义模型和公平人际关系模型的程序公平、分配公平、人际公平等，而且将其作为一个整体或者单独考虑其中某一种，其关注点不在于不同理论视角的比较（Caza & Cortina, 2007; Lim & Lee, 2011）。本章发现道义公平和程序公平均能解释工作场所不文明行为对旁观者工作有效性（工作绩效和创造力）的影响过程，但影响作用略有差异，这说明工作场所不文明行为对员工工作有效性（工作绩效和创造力）的"作用黑箱"是复杂的，还存在其他亟待考察的内在作用机制。由此，第5章将结合职场负向行为研究中常见的情绪视角，基于情感事件理论探讨消极情绪在其中的作用，并比较基于公平道义论模型，且聚焦于旁观者视角的道义公平与消极情绪在工作场所不文明行为与旁观者工作有效性关系中的作用及差异。

第5章 工作场所不文明行为与旁观者工作有效性：基于道义公平理论与情感事件理论

5.1 研究目的与目标

本书在第4章考察了道义公平和传统的程序公平在工作场所不文明行为与旁观者工作有效性之间的不同解释，是基于组织公平理论内部的考察，考察立足旁观者视角的道义公平理论能否在传统公平理论的基础上解释工作场所不文明行为对旁观者工作有效性。研究结论表明，道义公平和程序公平均能够解释工作场所不文明行为与旁观者工作有效性之间的关系。但无论是道义公平还是程序公平均只是发挥部分中介的作用，这表明道义公平和程序公平还不足以完全解释工作场所不文明行为对旁观者工作有效性的影响效果，可能还存在其他的内在作用机制。情感事件理论认为（Weiss & Cropanzano, 1996），工作场所中负面的行为经历（无论是观察到的还是亲身经历的），均会对员工的情绪造成影响，并进而影响员工的工作行为和工作结果（Sakurai & Jex, 2012; Porath & Pearson, 2012），这也是在包含工作场所不文明行为在内职场负向行为影响研究中最常见和具有深远影响的机制（Michel, Newness & Duniewicz, 2016）。由此，本书基于情感事件理论考察消极情绪在工作场所不文明行为与旁观者工作有效性关系中的作用，以及该理论机制与道义公平理论机制是否存在差异。

员工消极情绪是员工在工作中所体验到的低落、沮丧等主观情绪体验，包括愤怒、焦虑、恐惧等多种情绪感受（Waston, Clark & Tellegen,

1988)。根据情感事件理论,工作场所发生的事件会引发员工相应的认知评价和情绪反应(Roseman,Spindel & Jose,1990)。当个体感知到所处的环境与自身目标或价值不相符合时,便会出现类似应激的体验,差异越大越容易引发消极情绪(Ilies & Judge,2005)。以往关于消极情绪的研究发现积极情绪能促进员工作有效性而消极情绪则会对员工工作有效性形成阻碍,如 Gaddis 等(2004)的研究针对领导的情绪发现,当领导者拥有较高水平的积极情绪时,便可以表现出高水平的领导有效性,而消极情绪的领导者其工作有效性往往更低。由此,情感事件理论也是解释工作场所不文明行为与旁观者工作有效性的重要理论机制。

为了更清晰地界定道义公平理论在工作场所不文明行为与旁观者工作有效性(工作绩效和创造力)关系中的作用,本章拟考察和对比旁观者道义公平和消极情绪在工作场所不文明行为与员工工作有效性(工作绩效和创造力)之间的中介作用。验证道义公平理论能否在情感事件理论的基础上,对工作场所不文明行为与旁观者工作有效性(工作绩效和创造力)的关系中提供额外的解释力。本章的研究模型如图 5-1 所示。

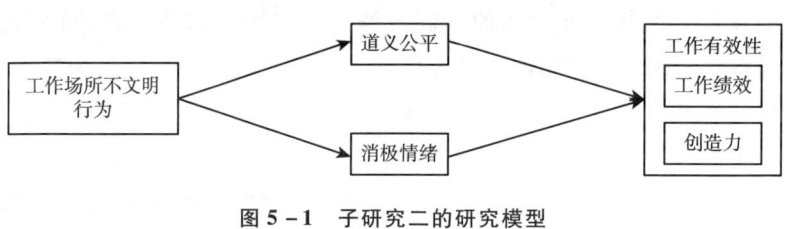

图 5-1 子研究二的研究模型

5.2 理论与假设

5.2.1 工作场所不文明行为与员工工作有效性

已有研究发现,来自领导和同事的积极影响能够帮助员工提升工作绩效,促进员工在工作中创造力的发挥,如道德型领导行为(Mo & Shi,2017)、变革型领导行为(Banks et al.,2016)、同事支持(Beehr,Jex,

Stacy & Murray, 2000)等；而消极的领导或同事行为，如辱虐管理（Walter et al., 2015）、职场排斥（Zhang & Kwan, 2015）则会对阻碍员工工作绩效的提升和创造力表现。然而这些研究均基于职场负向行为中的直接参与者的视角，考察职场负向行为对受害者工作有效性的阻碍作用。对于工作场所不文明行为中的受害者，也有类似的研究，如 Sliter 等（2010）以银行话务员为样本的研究中发现，从资源保存的视角来看，遭受顾客不文明行为的员工会花费大量的资源用于抑制工作中的消极情绪，展现出工作中合适的情绪（即情绪劳动），其用于应对工作任务的资源就会被损耗，从而导致更低的服务质量。然而基于旁观者视角的研究并未过多关注旁观者工作有效性在工作场所不文明行为情境下的影响。Porath 和 Erez（2009）也曾尝试对此进行初步探索。

虽然现有研究很少考察过工作场所不文明行为对旁观者工作有效性（工作绩效和创造力）的影响，但结合工作场所不文明行为相关研究成果以及职场负向行为旁观者效应相关研究，我们认为工作场所不文明行为对旁观者工作有效性造成消极的影响，下面将分别进行论述。

首先，从概念上看，工作场所不文明行为指违背工作场所相互尊重的人际规范、伤害意图模糊、低强度的越轨行为（Andersson & Pearson, 1999）。无论是源自主管或是同事的不文明行为都违背了职场普遍接受和认同的规范，形成了不文明行为中受害者或旁观者的工作场所压力源（Miner & Eischeid, 2012; Schilpzand, Leavitt & Lim, 2016）。对于旁观者而言，其观察到的工作场所中粗鲁、无礼的人际对待，会形成其重要的职场压力源，即使并不直接参与其中，也会受到二次伤害（Figley, 1995），承受旁观者压力或牺牲（Ferguson & Barry, 2011）。观察到工作场所不文明行为，旁观者可能会对受害者受到的伤害感同身受，或者害怕自己成为之后被主管或同事不文明对待的目标（Robinson, Wang & Christan, 2014; Umphress, Simmons, Floger, Ren & Bobocel, 2013）。Schilpzand, Leavitt 和 Lim（2016）的研究发现，不文明行为作为职场的消极人际交互，会引发员工的任务相关压力的上升以及诱发员工在工作中的退缩行为（withdrawal behavior），而这些因素都被认为是会削弱员工完成工作的能力，负向影响员工的工作绩效表现和创造力表现（Byron, Khazanchi & Nazarian, 2011; Lin, Ma, Wang & Wang, 2015）。

其次，根据情感事件理论，人们的情感受到工作环境中多种因素的作用，情感不仅直接影响行为而且通过作用于员工的态度间接对行为产生影响（Weiss & Cropanzano，1996）。工作场所不文明行为作为职场消极的人际交互事件，不仅会影响受害者的情绪和行为反应，也对旁观者的情绪和行为反应造成影响（Giumetti et al.，2013；Miner & Eischeid，2012）。对旁观者而言，观察到的不文明行为虽然并不直接对其自身造成影响，但员工也会关心工作场所他人的幸福感和遭遇（Kollock，1998），当旁观者知道自己工作场所中同事被不当对待，会体验到与受害者感同身受的体验，源自对受害者认知或情感的同情（Gentry et al.，2002），或者因为害怕自己受到类似的不当对待而产生多种消极情绪（Lim et al.，2008），如愤怒、恼怒、憎恶等（Miner & Eischeid，2012），Porath 和 Erez（2007）指出粗鲁行为与员工在工作中良好的表现是相悖的，并且消极情绪对员工工作表现的破坏效果要比积极情绪的积极作用强五倍（Miner，Glomb & Hulin，2005）。由此这些消极的情绪体验不仅会对员工的工作绩效和创造力造成直接的消极作用（Hoobler & Hu，2013；Ronald，Kathrin & Michael，2013），而且会通过对员工工作态度的影响而间接驱动员工工作表现的下降（Penney & Spector，2005）。

再其次，从个体提升工作有效性的内在动机来看，观察到的工作场所不文明行为会影响员工在工作中提升工作有效性的内在动机。不文明行为作为职场普遍发生的消极现象向观察者传递了许多社会线索（Salancik & Pfeffer，1978），例如，作为组织中关于组织规范和行为适当性的信息，如果在工作场所中领导和同事的行为十分频发，旁观者可能会认为不文明行为是被组织接纳和纵容的，而将这些不文明行为的发生归咎于组织管理的不完善，而产生对组织的不认同感，降低对组织的内部身份感知，从而减少在工作中的努力，由此降低员工在工作任务和创造力方面的表现（Li，Luo & Zhan，2018）。此外，工作场所不文明行为营造出的组织环境或氛围信息也会对员工工作有效性产生影响，主管/同事良好的行为能够为员工创造一个支持性的环境来完成工作任务或从事创造性活动，并能为员工提供一定的知识、信息和经验，而主管/同事的不文明行为可能会破坏有利的组织创造氛围及知识分享意图，从而影响员工工作任务的完成，减损员工的创造力（Liao，Liu & Loi，2010）。

最后，已有研究发现，工作场所不文明行为会激发员工的负向行为。具体来说，工作场所中来自主管或同事的不文明行为虽然并不直接针对旁观者，但是会引起旁观者的程序公平感，并导致一系列后续的认知和行为反应。如参与到针对不文明行为实施者的报复行为中（Turillo et al.，2002），启动旁观者内在的侵略性或反组织动机（O'Leary，Griffin & Grew，1996）。员工可能为了恢复内在的程序公平而参与到多种对组织有害的行为中，如工作中的退缩行为、迟到和早退等行为，而这些行为最终都会对员工工作绩效和创造力产生消极影响，不利于员工工作有效性的发挥（O'Fallon & Butterfield，2012）。

由此，本书提出如下假设：

假设 1：工作场所不文明行为对旁观者工作绩效有负向影响。

假设 2：工作场所不文明行为对旁观者创造力有负向影响。

5.2.2 旁观者道义公平的中介作用

道义公平理论（deontic justice theory）认为，人们关注公平，并非出于自我利益的考虑，而是出于道德责任和公平本身，人们具有追求公平的内在动机，即使这样的行为存在成本（Floger，2001）。公平是一种伦理美德和道德义务，追求公平是最终目标而不是维护个人利益的手段（Cropanzano，Goldman & Floger，2005）。道义公平的体验源于个体关于人们应该被如何对待的道德假设，并激励个体做出符合伦理道德的反应。道义公平的理论为考察旁观者的反应提供了一个全新的思路和视角，有助于解释与自我利益不相关的情况下，为何旁观者会对他人的不当遭遇产生一些道德性的反应（Skarlicki，O'Reilly & Kulik，2015）。

O'Reilly 和 Aquino（2011）提出的道义公平模型指出，工作场所中观察到的多种负面行为都会引发旁观者的道义不公平。工作场所不文明行为研究发现，无论是主管或同事，甚至是顾客的不文明行为都会激发旁观者的道义不公平。工作场所不文明行为违背相互尊重人际规范的特点与个体内在道德体系的人们在工作中被尊重对待的期望是相悖的（Andersson & Pearson，1999），所以旁观者在观察到主管或者同事的粗鲁、无礼行为之后，就违背了其内在的道德期望而产生道德直觉（O'Reilly & Aquino，

2011），这些道德直觉可能并不是旁观者有意识的行为，而是无意识的反应。在产生道德直觉的同时，旁观者会体验到道德愤怒（道义公平的核心维度）（Lotz et al., 2011），并产生于基于道德的行为反应。在 Reich 和 Hershcovis（2015）的研究中发现，工作场所不文明行为中的旁观者会对其所观察到的不文明行为作出道义公平的回应，即旁观者观察到的工作场所不文明行为会引发员工的道德不公平。Herschovis 和 Bhatnagar（2017）的研究基于服务交互情景，考察服务交互中当旁观顾客观察到其他顾客对服务员工的不文明行为时，其道义公平会受到损害，产生道德愤怒和同理心。以上理论和实证分析均表明，工作场所不文明行为对旁观者道义公平产生消极的作用。

当旁观者感知到道义不公平之后，在内在道德动机的驱动下，会试图通过多种方式消除内心的道义不公平感，认为恢复公平，消除或纠正不公平的现象是"做正确的事"（Rupp & Bell, 2010），即使纠正不公平的过程需要旁观者付出代价，他们仍然可能这样做（Floger, 2001）。旁观者纠正不公平主要是通过三种方式进行：其一是帮助受害者；其二是惩罚实施者（Darley & Pittman, 2003；Reich & Herschovis, 2015）；其三是通过自己工作中消极怠工或罢工等方式引起组织对不公平事件的注意和处理（Skarlicki & Kulik, 2004）。其中前两种直接针对违背道义公平的直接参与方，而第三种方式是针对自身的行为反应。这三种方式中任何一种都会影响旁观者自身的工作有效性，不利于员工在工作中有良好的绩效和创造力表现。在第三种方式中，旁观者消极怠工和旷工行为都是与提升工作有效性直接相悖的，势必会阻碍员工在工作中工作绩效和创造力的提升。第一种和第二种方式，员工对实施者进行惩罚和对受害者给予帮助，都会消耗员工正常的工作时间和工作中的资源，导致员工用于提升工作有效性的资源被占用，造成员工投入提升工作绩效和创造力的资源的相对减少，从而阻碍员工工作绩效和创造力。从员工提升工作有效性的内在动机来看，不文明行为及其引发的旁观者道义不公平感，会阻碍员工在工作中自我提升和自我增强的动机（Chen et al., 2013），甚至是产生工作中的退缩行为（Miner-Rubino & Cortina, 2004），这些都表明不文明行为及其对旁观者道义公平的影响会阻碍员工在工作中提升工作绩效和创造力的内在动机。

综上所述，工作场所中不文明行为会引发旁观者的道义不公平，而旁观者纠正道义不公平的过程和方式均会对其自身的工作有效性（工作绩效和创造力）产生消极作用。由此，本章进一步推测，旁观者的道义公平能够传导工作场所不文明行为对工作有效性的影响。基于以上论述，本书提出如下假设：

假设3：道义公平在工作场所不文明行为与旁观者工作绩效的关系中发挥中介作用。

假设4：道义公平在工作场所不文明行为与旁观者工作创造力的关系中发挥中介作用。

5.2.3 旁观者消极情绪的中介作用

员工消极情绪是员工在工作中所体验到的低落、沮丧等主观情绪体验，包括愤怒、焦虑、恐惧等多种情绪感受（Waston Clark & Tellegen，1988）。

根据情感事件理论，工作场所发生的事件会引发员工相应的认知评价和情绪反应（Roseman, Spindel & Jose, 1990; Weiss & Cropanzano, 1996）。当个体感知到所处的环境与自身目标或价值不相符合时，便会出现类似应激的体验，差异越大越容易引发消极情绪（Ilies & Judge, 2005）。由此我们推测工作场所不文明行为能够引发旁观者的消极情绪。

一方面，根据工作场所不文明行为的定义，工作场所不文明行为是工作场所中主管或员工违背职场相互尊重的人际规范，伤害意图模糊的越轨行为。无论是源自主管还是源自员工的不文明行为，对于受害者和旁观者而言都是工作场所重要的压力源（Chen et al., 2013）。旁观者观察到的工作场所不文明行为作为重要的环境要求，给观察者带来了旁观者压力和二次伤害，引发旁观者的消极情绪。已有的研究发现，情绪反应是理解职场负向行为对员工影响的关键，多种职场负向行为对旁观者的消极情绪形成影响，如Vartia（2001）的研究发现职场欺凌行为（workplace bullying）会产生多种焦虑状态下的消极情绪反应。相对于其他职场阴暗面行为，工作场所不文明行为伤害意图模糊和低强度的特点，赋予了工作场所不文明行为旁观者和受害者更充分的解释空间和认知和情绪反应可能，也更适用于情绪视角的解释（严瑜、吴艺苑、郭永玉，2014）。

另一方面，观察到的不文明行为对旁观者而言，是工作场所重要的环境特征，会通过对工作场所氛围的影响作用于旁观者的消极情绪。对于旁观者而言，工作场所不文明行为的频发会造成对组织氛围的影响（Griffin，2010），员工在不文明行为氛围下的组织工作，其行为会被无意识地影响，如 Lim 等（2008）的研究发现，组织中的不文明氛围对工作团队成员（既包含受害者又包含旁观者）的情绪困扰的形成有着重要的作用。

遵循情感事件理论的逻辑链条，员工在工作场所情绪的形成会进而影响其在工作中的态度和行为。情绪一方面直接影响员工的行为（被称为情感驱动性行为），另一方面对员工态度的影响作用于员工的行为（被称为态度驱动性行为）。旁观者在观察到工作场所不文明行为之后的消极情绪也会通过这些机制影响员工的工作绩效和创造力表现。Porath 和 Erez（2009）的研究发现，旁观者在观察到不文明行为之后产生的消极情绪会直接影响其工作中创造性任务方面的表现，并引起员工功能失调性（dysfunctional）的行为的产生。旁观者在观察到不文明行为之后的消极情绪反应会通过对员工认知加工和态度的影响作用其工作绩效和创造力表现。消极情绪作为一种消极的状态和感受会对员工的认知加工过程产生影响，而认知加工的过程是员工处理工作问题，特别是复杂和创新性问题的关键（Mandler，1975）。已有研究也多次验证了消极情绪对个体认知空间和思维范围的限制对员工在工作中绩效表现与创造力的负面作用（Isen et al.，1985；黄勇、彭纪生，2016）。

综上所述，对于旁观者来说，观察到的工作场所不文明行为作为职场负向的人际交互会通过情感事件的机制引发其在工作中的消极情绪，员工在工作中的消极情绪又能通过直接和间接的多种方式对其工作有效性（工作绩效和创造力）产生阻碍。由此本章进一步推测，工作场所不文明行为对旁观者工作有效性（工作绩效和创造力）的影响可能是由消极情绪所传导的。根据以上论述，本书提出如下假设：

假设 5：消极情绪在工作场所不文明行为与旁观者工作绩效的关系中发挥中介作用。

假设 6：消极情绪在工作场所不文明行为与旁观者创造力的关系中发挥中介作用。

5.3 研究方法

5.3.1 研究程序和研究样本

本章的研究样本来自湖北省的 5 家大型企业。在这 5 家企业中，包括 1 家钢铁制造企业、1 家管理咨询企业、1 家传媒企业和 1 家金融企业等。为了保证问卷发放回收的准确性，研究者事先与所调研企业的人力资源管理部门取得联系，获取了调研企业员工名录，并随机抽取适当员工和他们的主管进行配对和编号。为了保证问卷调查的准确性和数据的隐秘性，调查问卷均装在封口贴有双面胶的信封中，并告知被调查者在填制完成问卷之后即可用双面胶密封。本章分别在两个时间点对这些来自不同行业的 300 名员工和其主管进行问卷调查。为了尽可能地避免共同方法偏差对研究结果的影响，本章以配对方式收集数据，共设计了两套问卷。主管问卷包括对员工创造力、工作绩效的评价和个人信息。员工问卷包括工作场所不文明行为、道义公平、消极情绪以及个人信息。其中时间点 1 的员工问卷包含对工作场所不文明行为的测量，时间点 2 的员工问卷包含对道义公平和消极情绪的测量，两个时间点间隔 3 周。

表 5-1　　样本基本信息（子研究二）

名称	项目	数量（个）	百分比（%）
性别	男	137	58.3
	女	98	41.7
年龄	25 岁及以下	47	20
	26~29 岁	59	25.1
	30~39 岁	64	27.2
	40 岁及以上	65	27.7
婚姻状况	已婚	123	52.3
	未婚	112	47.7
受教育程度	大专及以下	165	70.2
	本科	42	17.9
	硕士及以上	28	11.9

本章在时间点 1 发放员工问卷 300 份，回收员工问卷 290 份。在时间点 2，向完成了时间点 1 问卷的 290 名员工及其主管发放时间点 2 问卷，共回收 261 份员工—主管配对问卷。研究者进行问卷配对和废卷处理工作，删除空白过多、反应倾向过于明显的问卷，得到了 235 份有效问卷。有效回收率为 78.3%。

样本的构成情况如表 5-1 所示，在所调研的员工中男性 137 人，占 58.3%，女性 98 人，占 41.7%；年龄在 25 岁及以下的员工 47 人，占 20%，26~29 岁的员工 59 人，占 25.1%，年龄在 30~39 岁和 40 岁以上员工分别为 64 人和 65 人，占 27.2% 和 27.7%；已婚员工 123 人，占 52.3%，未婚员工 112 人，占 47.7%。

5.3.2 研究工具

本章涉及的变量包括工作场所不文明行为、道义公平、消极情绪、工作绩效和创造力。本章一方面尽量选择以往在中国文化情境下被使用过且表现出较好的信度和效度的量表；另一方面对于英文版的量表，严格遵循 Brislin（1980）提出的"翻译—回译"程序将原始的英文问卷转换成中文版问卷进行使用。

（1）工作场所不文明行为。

本章采用 Cortina 等（2001）所开发的 7 题项量表测量工作场所不文明行为。该量表在工作场所不文明行为研究中被广为使用，具有良好的信度和效度（e.g. Trudel & Reio, 2011）。Chen 等（2013）在中国文化情境下的研究说明该量表表现出较好的心理测量学特性，国内学者毛畅果和孙健敏（2013）的研究也验证了该量表在中国文化情境下的适用性。以往的研究发现该量表不仅用于受害者视角（e.g. Chen et al., 2013）和实施者视角（e.g. Trudel & Reio, 2011）的测量，也被用作旁观者视角的测量（Miner & Eischeid, 2012）。本书的子研究一也是采用该量表测量工作场所不文明行为（Cronbach's $\alpha = 0.909$）。该量表包含 7 个题项，代表性题项如"轻视或以居高临下的方式对待他人"。在本章中采用 Likert 5 点式计分，从 1~5 分别表示"完全不同意"~"完全同意"。

（2）道义公平。

本章采用 Beugré（2012）编制的道义公平量表中核心维度"道德愤怒"（moral outrage）分量表来考察旁观者的道义公平。在已有的研究中，如王端旭等（2017）和 Zheng（2015）均是采用类似的做法考察旁观者对所观察到的职场负向行为的道义公平感知。本书的子研究一也是采用该量表测量工作场所不文明行为（Cronbach's α = 0.841）。该量表包含 4 个题项，代表性题项如"观察到他人遭受不公平待遇时，会感到难过"。在本章中采用 Likert5 点式计分，从 1~5 分别表示"完全不同意"~"完全同意"。

（3）消极情绪。

本章借鉴采用 Wong 等（2006）的消极情绪测量工具考察旁观者的消极情绪，该量表包含 4 个测量题项，代表性题项包括"我的工作让我感到非常痛苦"。该量表在中国情境下得到了一定的运用，如占小军（2017）运用该测量工具考察了消极情绪在职场负面行为与员工工作、生活满意度之间的作用。

（4）工作绩效。

本章对工作绩效的界定主要是工作结果相关的指标，根据这一界定，我们采用了 Williams 和 Anderson（1991）所开发的五题项员工工作绩效量表。虽然该量表的开发时间较早，但直到近年来，该量表仍然被广为使用，如 Methot（2015）运用该量表考察职场多重友谊关系对员工工作绩效的影响。本书的子研究一也是采用该量表测量工作场所不文明行为（Cronbach's α = 0.808）。在本章中采用 Likert5 点式计分，从 1~5 分别表示"完全不同意"~"完全同意"。

（5）创造力。

本章中员工在工作中的创造力由其主管进行评价，采用了 Farmer, Tierney 和 Kung-Mcintyre（2003）所开发的创造力测量工具，该测量工具在创造力研究中也多次被使用，如刘文兴、廖建桥和张鹏程（2012）的研究就在中国文化情境下运用了该量表。该量表包含 4 个题项，代表性题项如"以有创意的方式解决工作问题"。本书的子研究一也是采用该量表测量工作场所不文明行为（Cronbach's α=0.773）。

（6）控制变量。

以往关于员工工作绩效和创造力的研究发现，人口统计变量可能会对员工在工作中的绩效和创造力表现产生影响，如年龄、性别、婚姻状况和教育程度等（Gong, Cheung, Wang & Huang, 2012）。因此，在回归方程中，本章对这些人口统计学变量的相似性进行了控制。

5.3.3 分析策略

本章主要使用了 SPSS 20.0 和 AMOS 17.0 两种工具对数据进行分析。具体来讲，首先，使用验证性因素分析检验所测量的各变量之间结构的独立性；其次，运用 Harman 单因素分析考察共同方法偏差；再其次，使用均值、标准差、相关系数及信度系数对变量和变量之间的关系进行初步描述；最后，使用多元回归分析和 Bootstrapping 检验道义公平和消极情绪在工作场所不文明行为与旁观者工作有效性关系中的中介作用假设。

5.4 数据分析与假设检验

5.4.1 信度分析

与本书的子研究一一样，本章运用 Cronbach's α 系数和 CITC 值法考察研究变量的信度。这两种方式都是当前研究中常用的信度指标。一般来说，当某一个题项的 CITC（corrected item-total correlation，即每一项与其他剩余项之间的相关关系）低于 0.5 且删除该题项之后的 Cronbach's α 系数高于原来的整体 Cronbach's α 系数，则要删除该题项。

具体来说，各主要变量的信度分析如下：

（1）工作场所不文明行为的信度分析。

表 5-2 描述了工作场所不文明行为量表的 CITC 值以及 Cronbach's α

系数。根据表 5-2，工作场所不文明行为量表的 Cronbach's α 系数为 0.901，工作场所不文明行为的 7 个题项的 CITC 值均大于 0.5，且任意一个题项的删除所得到的 α 系数都不高于量表整体的 α 系数，因此，本章所采用的工作场所不文明行为量表符合心理测量学的信度要求，量表中的 7 个题项均可以保留，无须删除。

表 5-2　　　　工作场所不文明行为量表的信度（子研究二）

编号	CITC 值	删除该项目后的 α 系数	整体 α 系数
WI1	0.692	0.888	
WI2	0.770	0.879	
WI3	0.733	0.883	
WI4	0.748	0.882	0.901
WI5	0.692	0.888	
WI6	0.692	0.888	
WI7	0.628	0.895	

（2）道义公平的信度分析。

表 5-3 描述了道义公平量表的 CITC 值以及 Cronbach's α 系数。根据表 5-3，道义公平量表的 Cronbach's α 系数为 0.871，道义公平的 4 个题项的 CITC 值均大于 0.5，虽然第四个题项删除之后的 Cronbach's α 系数 0.885 略高于整体的 Cronbach's α 系数 0.871，但并不同时符合两个删除条件，因此道义公平量表中的 4 个题项均可以保留，无须删除。

表 5-3　　　　道义公平量表的信度（子研究二）

编号	CITC 值	删除该项目后的 α 系数	整体 α 系数
DJ1	0.719	0.837	
DJ2	0.802	0.805	0.871
DJ3	0.785	0.810	
DJ4	0.604	0.885	

（3）消极情绪的信度分析。

表 5-4 描述了消极情绪量表的 CITC 值以及 Cronbach's α 系数。根据表 5-4，消极情绪量表的 Cronbach's α 系数为 0.891，消极情绪 4 个题项的

CITC 值均大于 0.5，且任意一个题项的删除所得到的 α 系数都不高于量表整体的 α 系数，因此，本章所采用的消极情绪量表符合心理测量学的信度要求，量表中的 4 个题项均可以保留，无须删除。

表 5-4　　　　消极情绪量表的信度（子研究二）

编号	CITC 值	删除该项目后的 α 系数	整体 α 系数
NA1	0.718	0.875	0.891
NA2	0.739	0.867	
NA3	0.789	0.848	
NA4	0.793	0.846	

（4）工作绩效的信度分析。

表 5-5 描述了工作绩效量表的 CITC 值以及 Cronbach's α 系数。根据表 5-5，工作绩效量表的 Cronbach's α 系数为 0.822，工作绩效量表 5 个题项的 CITC 值均大于 0.5，且任意一个题项的删除所得到的 α 系数都不高于量表整体的 α 系数，因此，本章所采用的工作绩效量表符合心理测量学的信度要求，量表中的 5 个题项均可以保留，无须删除。

表 5-5　　　　工作绩效量表的信度（子研究二）

编号	CITC 值	删除该项目后的 α 系数	整体 α 系数
EP1	0.615	0.788	0.822
EP2	0.661	0.774	
EP3	0.569	0.800	
EP4	0.675	0.771	
EP5	0.566	0.803	

（5）创造力的信度分析。

表 5-6 描述了创造力量表的 CITC 值以及 Cronbach's α 系数。根据表 5-6，创造力量表的 Cronbach's α 系数为 0.763，创造力量表 4 个题项的 CITC 值均大于 0.5，且任意一个题项的删除所得到的 α 系数都不高于量表整体的 α 系数，因此，本章所采用的创造力量表符合心理测量学的信度要求，量表中的 4 个题项均可以保留，无须删除。

表 5-6　　　　　　　　创造力量表的信度（子研究二）

编号	CITC 值	删除该项目后的 α 系数	整体 α 系数
EC1	0.525	0.731	0.763
EC2	0.613	0.679	
EC3	0.641	0.666	
EC4	0.581	0.747	

5.4.2　效度分析

本章采用验证性因子分析的方法考察研究变量的构念效度和区分效度。由于本章的主要变量包含工作场所不文明行为、道义公平、消极情绪、工作绩效和创造力，由此本章构建了5因子基准模型、4因子模型、3因子模型、2因子模型和单因子模型来考察各研究变量之间的区分效度。各模型的拟合指数如表5-7所示。根据表5-7，观察数据与5因子模型的拟合度很好（χ^2/df = 1.848，NFI = 0.92，TLI = 0.93，CFI = 0.91，RMR = 0.06，RMSEA = 0.06），各拟合指标达到了学界认可的标准，且明显优于其他四个替代模型，这表明本章所涉及的5个变量具有良好的区分效度。

表 5-7　　　　　　　　验证性因子分析结果（子研究二）

模型	χ^2	df	χ^2/df	NFI	TLI	CFI	RMR	RMSEA
5 因子	447.25	242	1.848	0.92	0.93	0.91	0.06	0.06
4 因子	716.35	246	2.546	0.89	0.87	0.86	0.08	0.09
3 因子	995.082	249	4.012	0.79	0.76	0.75	0.10	0.10
2 因子	1538.955	251	5.935	0.71	0.69	0.68	0.12	0.13
单因子	1660.072	252	6.346	0.65	0.64	0.61	0.14	0.16

注：4因子模型合并工作绩效与创造力；3因子模型合并道义公平和消极情绪，工作绩效与创造力；2因子模型合并工作场所不文明行为、道义公平和消极情绪，工作绩效与创造力，单因子模型合并所有变量。

5.4.3 共同方法偏差的检验

虽然本章在两个时间点采集员工—主管配对样本进行检验,但研究中工作场所不文明行为、道义公平和消极情绪均由员工自评,可能存在共同方法偏差的问题,由此本章采用 Harman(1960)单因素检验和验证性因子分析考察共同方法偏差。Harman 单因素检验的结果发现,一共析出 5 个因子,且第一个因子的解释率为 34%,为占到总体解释量的一半,这表明共同方法偏差在本章中并未造成严重的问题。

5.4.4 研究变量的相关分析

表 5-8 列出了本章各研究变量的均值、标准差、变量间的相关系数等。根据表 5-8,工作场所不文明行为与旁观者道义公平显著负相关($r = -0.262$,$p < 0.01$),与旁观者消极情绪显著正相关($r = 0.463$,$p < 0.01$),与旁观者工作绩效显著负相关($r = -0.455$,$p < 0.01$),与旁观者创造力显著负相关($r = -0.321$,$p < 0.01$);道义公平与旁观者工作绩效显著正相关($r = 0.316$,$p < 0.01$),与旁观者创造力显著正相关($r = 0.283$,$p < 0.01$);消极情绪与旁观者工作绩效显著负相关($r = -0.606$,$p < 0.01$),与旁观者创造力显著负相关($r = -0.390$,$p < 0.01$)。这些相关分析的结果为本章的理论模型提供了初步的支持。

此外,性别、年龄、婚姻状况、学历等人口统计特征因素与本章中的主要变量的相关性并不大,但为了更准确地考察各主要变量之间的关系,本章在回归分析中还是将这些人口统计特征变量作为控制变量处理。

表 5-8 各变量均值、标准差和相关系数(子研究二)

变量	M	SD	1	2	3	4	5	6	7	8
1. 性别	1.42	0.494								
2. 年龄	2.63	1.092	0.069							
3. 婚姻状况	1.48	0.501	-0.081	0.078						
4. 学历	1.42	0.695	0.101	0.032	0.065					

续表

变量	M	SD	1	2	3	4	5	6	7	8
5. 不文明行为	2.19	0.736	0.027	0.111	0.067	0.038				
6. 道义公平	3.10	0.901	-0.067	-0.003	0.001	-0.038	-0.262**			
7. 消极情绪	2.67	0.909	0.107	-0.049	-0.003	0.112	0.463**	-0.448**		
8. 工作绩效	3.74	0.741	0.032	0.138*	0.025	-0.019	-0.455**	0.316**	-0.606**	
9. 创造力	3.72	0.683	-0.004	-0.024	0.064	-0.034	-0.321**	0.283**	-0.390**	0.298**

注：N = 235；显著性水平 * 表示 $p < 0.05$；** 表示 $p < 0.01$。

5.4.5 假设检验

本章首先采用 SPSS 20.0 工具的多元线性回归来检验道义公平和消极情绪的中介作用假设。回归分析结果如表 5-9 所示。首先，将人口统计特征变量纳入回归模型；其次，逐步将自变量（工作场所不文明行为）纳入回归模型。根据表 5-9，工作场所不文明行为与旁观者工作绩效存在显著的负相关关系（$\beta = -0.473$，$p < 0.01$），与旁观者创造力显著负相关（$\beta = -0.334$，$p < 0.01$）。由此，本章的假设 H5-1 和假设 H5-2 再次得到了验证。

表 5-9　　道义公平和情绪公平的中介作用检验结果

自变量	道义公平	消极情绪	工作绩效			创造力		
			模型1	模型2	模型3	模型4	模型5	模型6
性别	-0.059	0.091	0.037	0.049	0.082	0.015	0.027	0.043
年龄	0.013	-0.025	0.047	0.044	0.034	0.088	0.086	0.081
婚姻状况	0.030	-0.109	0.185	0.179	0.131	0.005	-0.001	-0.029
学历	-0.023	0.090	-0.013	-0.009	0.031	-0.029	-0.024	-0.001
不文明行为	-0.264**	0.471**	-0.479**	-0.425**	-0.245**	-0.327**	-0.271**	-0.180*
道义公平				0.208**			0.213**	
消极情绪					-0.499**			-0.312**
R^2	0.74	0.243	0.246	0.287	0.435	0.112	0.154	0.185
ΔR^2				0.041	0.189		0.042	0.074
F	3.652**	14.699**	14.97**	15.27**	29.24**	5.75**	6.90**	8.65**

注：N = 235；* 表示 $p < 0.05$；** 表示 $p < 0.01$。

本章采用 Baron 和 Kenny（1986）的分步分析法检验道义公平和消极情绪的中介作用。首先，需要满足自变量对因变量有显著影响，根据表 5-9，在控制了性别、年龄、婚姻状况和学历之后，工作场所不文明行为对工作绩效（$\beta = -0.479$，$p < 0.01$）和创造力（$\beta = -0.327$，$p < 0.01$）均有着显著的负向影响，这就满足了第一个条件。其次，需要满足自变量对中介变量有显著影响，根据表 5-9，在控制了性别、年龄、婚姻状况和学历之后，工作场所不文明行为对道义公平（$\beta = -0.264$，$p < 0.01$）有显著的负向影响，与员工消极情绪（$\beta = 0.471$，$p < 0.01$）有着显著的正向影响，这就满足了第二个条件。最后，需要在控制了中介变量之后，中介变量对因变量的影响显著，且自变量对因变量的影响减弱或者不显著。根据表 5-9，当道义公平和消极情绪被纳入回归模型之后，道义公平对工作绩效（$\beta = 0.208$，$p < 0.01$）和创造力（$\beta = 0.213$，$p < 0.01$）有着显著的正向影响，工作场所不文明行为对工作绩效（$\beta = -0.425$，$p < 0.01$）和创造力（$\beta = -0.271$，$p < 0.01$）的影响减弱。这说明道义公平在工作场所不文明行为与员工工作绩效和创造力的关系中有部分中介的作用。同样，消极情绪对工作绩效（$\beta = -0.499$，$p < 0.01$）和创造力（$\beta = -0.312$，$p < 0.01$）有显著的负向影响，工作场所不文明行为对工作绩效（$\beta = -0.245$，$p < 0.01$）和创造力（$\beta = -0.180$，$p < 0.01$）的影响减弱，由此假设 3、假设 4 和假设 9、假设 10 得到了验证。

本章进一步用 Bootstraping 中介检验（Preacher, Rucker & Hayes, 2007）考察旁观者道义公平和消极情绪的中介作用及可能的差异。表 5-10 给出了间接效应比较检验结果。

在工作场所不文明行为对旁观者工作绩效的影响上，道义公平和消极情绪均有显著的中介作用，其间接效应分别为 -0.01 和 -0.22，90% 的校正偏差置信区间分别为 [-0.04, -0.01] 和 [-0.19, -0.15]，均不包含 0。这再次支持了假设 3 和假设 9，且消极情绪的中介作用略强于道义公平。在工作场所不文明行为对旁观者创造力的影响上，道义公平和消极情绪均有显著的中介作用，间接效应值分别为 -0.03 和 -0.11，90% 的校正偏差置信区间分别为 [-0.08, -0.01] 和 [-0.19, -0.05]，均不包含 0，这再次验证了假设 4 和假设 10。在工作场所不文明行为与旁观者工作绩效和创造力的关系中，消极情绪的间接效应差异值分别为 0.21 和

0.08，90%的校正偏差置信区间分别为［0.07，0.27］和［0.01，0.16］，均不包含 0，这说明无论是在工作场所不文明行为与旁观者工作绩效的关系中，还是工作场所不文明行为与旁观者创造力的关系中，消极情绪的中介作用均强于道义公平。

表 5 – 10　道义公平和消极情绪的间接效应比较结果

	Bootstrapping 估计	置信区间
工作场所不文明行为→道义公平/消极情绪→工作绩效		
总间接效应	-0.23	［-0.33，-0.16］
通过道义公平的间接效应	-0.01	［-0.04，-0.01］
通过消极情绪的间接效应	-0.22	［-0.19，-0.15］
总间接效应差异	0.21	［0.07，0.27］
工作场所不文明行为→道义公平/消极情绪→创造力		
总间接效应	-0.14	［-0.22，-0.08］
通过道义公平的间接效应	-0.03	［-0.08，-0.01］
通过消极情绪的间接效应	-0.11	［-0.19，-0.05］
总间接效应差异	0.08	［0.01，0.16］

注：N = 235，Bootstrap 抽样次数 = 5000。

5.5　研究结论与讨论

本书在了研究一（第 4 章）考察了道义公平和程序公平在工作场所不文明行为与旁观者工作有效性（工作绩效和创造力）之间关系的中介作用。研究发现，无论是道义公平还是程序公平都仅能部分解释不文明行为与员工工作有效性的作用，两者之间的"作用黑箱"是复杂的，仍有待考察。据此，本书结合职场负向行为研究成果，结合情感事件理论考察消极情绪在工作场所不文明行为与旁观者工作有效性关系中的作用，并进一步考察道义公平理论是否能在情感事件理论的基础上解释工作场所不文明行为与旁观者工作有效性的关系。基于此，本章以 235 对主管—员工为研究对象进行考察，主要的研究结论包括：

首先，本章的研究和第 4 章的研究通过不同的数据对工作场所不文明行为与旁观者工作有效性的关系进行了交叉验证，研究结论表明，工作场所不文明行为会对旁观者工作有效性的结果（工作绩效）和工作有效性的实现过程（创造力）均造成消极的影响。这再次表明基于旁观者视角考察不文明行为的影响的合理性，并对旁观者视角的职场负向行为研究进行了有效补充。

其次，本章的研究发现道义公平理论和情感事件理论均能够解释工作场所不文明行为对旁观者工作有效性（工作绩效和创造力）的影响。研究结论显示，道义公平和消极情绪在工作场所不文明行为与旁观者工作绩效、创造力之间均发挥部分中介的作用。这与基于受害者视角的工作场所不文明行为提出的情绪和认知机制考察是一致的（Long & Christian, 2015；占小军, 2017），并从旁观者视角验证和补充了不文明行为通过情绪和认知机制的作用。这表明聚焦于旁观者视角的道义公平在现有的消极情绪的基础上，进一步补充解释了工作场所不文明行为对旁观者工作有效性的影响。值得注意的是，无论是在工作场所不文明行为与旁观者工作绩效还是在不文明行为与旁观者创造力的关系中，消极情绪的中介作用均强于道义公平。这可能是情绪对员工行为的影响具有直接和间接两条驱动路径，对员工行为的影响更为强烈（Weiss, 1996），而道义公平的反应通常是员工无意识的反应。

最后，虽然结合本章的研究和第 4 章的研究，道义公平理论在程序公平理论和情感事件理论的基础上对工作场所不文明行为与旁观者工作有效性的关系中具有独特的解释力，但我们对道义公平理论在这一关系中的作用边界尚知之甚少。新近的研究指出，并非所有的旁观者都会对负向行为做出道德性的反应（Mitchell, Vogel & Folger, 2015），对于不同的员工而言，其道义公平的产生和作用效果也不尽相同，由此，我们在第 6 章将结合公正世界信念相关研究考察道义公平在工作场所不文明行为与旁观者工作有效性关系中的作用边界。

第6章 工作场所不文明行为与旁观者工作有效性：一个有调节的中介模型

6.1 研究目的与目标

本书在第4章分析了道义公平与程序公平在工作场所不文明行为与旁观者工作有效性（工作绩效和创造力）之间的不同理论解释，说明基于公平道义论模型的道义公平能在传统公平理论的基础上传递工作场所不文明行为与旁观者工作有效性的关系。第5章分析了道义公平和消极情绪在工作场所不文明行为与旁观者工作有效性（工作绩效和创造力）之间的不同理论解释，说明道义公平能在消极情绪的基础上传递工作场所不文明行为与旁观者工作有效性的关系。这两部分内容共同说明，道义公平理论在解释工作场所不文明行为与旁观者工作有效性（工作绩效和创造力）的影响中独特的解释力。然而却未能说明道义公平在工作场所不文明行为在对旁观者工作有效性影响中的作用边界条件。由此，本书进一步考察工作场所不文明行为影响旁观者道义公平的调节变量，以及进一步验证工作场所不文明行为与旁观者工作有效性（工作绩效的创造力）的影响过程机制。

已有研究发现，员工的道义公平作为个体内在的道德直觉受到多种因素的影响，不同个体的道义公平反应并不相同，即使他们身处同样的工作场所，面对类似的工作场所负面现象，即员工的道义公平反应因个体差异而异。公正世界信念（belief in a just world）作为个体对世界是否公正，人们是否"得其所应得，应得其所得"的内在信念和观点，可能影响个体对生活经历的理解和行为。公正世界信念因人而异,且在面对相同的事件时,不同公正世界信念个体的认知和行为反应也不同。工作场所不文明行为作为违背职场相互尊重的人际规范的越轨行为,其与员工的内在公正感知是相悖的,甚至是违背员工公正感的威胁(Griffin,2010),由此本书考察公正世界信念作为员工应对工作场所不公正事件的重要资源,是否会影响旁观者对工作场所不文明行为的认知和行为反应,以及其作用大小和作用方向。

综上所述,本书提出公正世界信念在工作场所不文明行为与旁观者道义公平之间的调节作用,以及对道义公平在工作场所不文明行为与旁观者工作有效性(工作绩效和创造力)关系之间的中介作用的调节效果。本章的研究模型如图6-1所示。

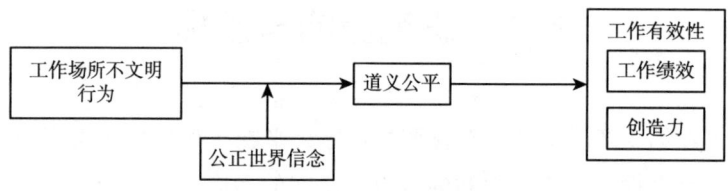

图6-1 子研究三的研究模型

6.2 理论与假设

6.2.1 工作场所不文明行为与旁观者工作有效性

已有研究发现,来自领导和同事的积极影响能够帮助员工提升工作绩效,促进员工在工作中创造力的发挥,如道德型领导行为(Mo & Shi,2017)、变革型领导行为(Banks et al.,2016)、同事支持(Beehr,Jex,Stacy & Murray,2000)等,而消极的领导或同事行为,如辱虐管理(Walter et al.,2015)、职场排斥(Zhang & Kwan,2015)则会对阻碍员工工作绩效的提升和创造力表现。然而这些研究均基于职场负向行为中的直接参与者的视角,考察职场负向行为对受害者工作有效性的阻碍作用。对于工作场所不文明行为中的受害者,也有类似的研究,如 Sliter 等(2010)以银行话务员为样本的研究中发现,从资源保存的视角来看,遭受顾客不文明行为的员工会花费大量的资源用于抑制工作中的消极情绪,展现出工作中合适的情绪(即情绪劳动),其用于应对工作任务的资源就会被损耗,从而导致更低的服务质量。然而基于旁观者视角的研究并未过多关注旁观者工作有效性在工作场所不文明行为情境下的影响。Porath 和 Erez(2009)也曾尝试对此进行初步探索。

虽然现有研究很少考察过工作场所不文明行为对旁观者工作有效性(工作绩效和创造力)的影响,但结合工作场所不文明行为相关研究成果以及职场负向行为旁观者效应相关研究,我们认为工作场所不文明行为对旁观者工作有效性造成消极的影响,下面将分别进行论述。

首先,从概念上看,工作场所不文明行为指违背工作场所相互尊重的人际规范、伤害意图模糊、低强度的越轨行为(Andersson & Pearson,1999)。无论是源自主管或是同事的不文明行为都违背了职场普遍接受和认同的规范,形成了不文明行为中受害者或旁观者的工作场所压力源(Miner & Eischeid, 2012; Schilpzand, Leavitt & Lim, 2016)。对于旁观者而言,其观察到的工作场所中粗鲁、无礼的人际对待,会形成其重要的职场压力源,即使并不直接参与其中,也会受到二次伤害(Figley, 1995),承受旁观者压力或牺牲(Ferguson & Barry, 2011)。观察到工作场所不文明行为,旁观者可能会对受害者受到的伤害感同身受,或者害怕自己成为之后被主管或同事不文明对待的目标(Robinson, Wang & Christan, 2014; Umphress, Simmons, Floger, Ren & Bobocel, 2013)。Schilpzand, Leavitt 和 Lim(2016)的研究发现,不文明行为作为职场的消极人际交互,会引发员工的任务相关压力的上升以及诱发员工在工作中的退缩行为(Withdrawal behavior),而这些因素都被认为是会削弱员工完成工作的能力,负向影响员工的工作绩效表现和创造力表现(Byron, Khazanchi & Nazarian, 2011; Lin, Ma, Wang & Wang, 2015)。

其次,根据情感事件理论,人们的情感受到工作环境中多种因素的作用,情感不仅直接影响行为而且通过作用于员工的态度间接对行为产生影响(Weiss & Cropanzano, 1996)。工作场所不文明行为作为职场消极的人际交互事件,不仅会影响受害者的情绪和行为反应,也对旁观者的情绪和行为反应造成影响（Giumetti et al., 2013; Miner & Eischeid, 2012）。对旁观者而言，观察到的不文明行为虽然并不直接对其自身造成影响，但员工也会关心工作场所他人的幸福感和遭遇（Kollock, 1998），当旁观者知道自己工作场所中同事被不当对待，会体验到与受害者感同身受的体验，源自对受害者认知或情感的同情（Gentry et al., 2002），或者因为害怕自己受到类似的不当对待而产生多种消极情绪（Lim et al., 2008），如愤怒、恼怒、憎恶等（Miner & Eischeid, 2012），Porath 和 Erez（2007）指出粗鲁行为与员工在工作中良好的表现是相悖的，并且消极情绪对员工工作表现的破坏效果要比积极情绪的积极作用强五倍（Miner, Glomb & Hulin, 2005）。由此这些消极的情绪体验不仅会对员工的工作绩效和创造力造成直接的消极作用（Hoobler & Hu, 2013; Ronald, Kathrin & Michael, 2013），而且会通过对员工工作态度的影响而间接驱动员工工作表现的下降（Penney & Spector, 2005）。

再其次，从个体提升工作有效性的内在动机来看，观察到的工作场所不文明行为会影响员工在工作中提升工作有效性的内在动机。不文明行为作为职场普遍发生的消极现象向观察者传递了许多社会线索（Salancik & Pfeffer, 1978），例如，作为组织中关于组织规范和行为适当性的信息，如果在工作场所中领导和同事的行为十分频发，旁观者可能会认为不文明行为是被组织接纳和纵容的，而将这些不文明行为的发生归咎于组织管理的不完善，而产生对组织的不认同感，降低对组织的内部身份感知，从而减少工作中的努力，由此降低员工在工作任务和创造力方面的表现（Li, Luo & Zhan, 2018）。此外，工作场所不文明行为营造出的组织环境或氛围信息也会对员工工作有效性产生影响，主管/同事良好的行为能够为员工创造一个支持性的环境来完成工作任务或从事创造性活动，并能为员工提供一定的知识、信息和经验，而主管/同事的不文明行为可能会破坏有利的组织创造氛围及知识分享意图，从而影响员工工作任务的完成，减损员工的创造力（Liao, Liu & Loi, 2010）。

最后，已有研究发现，工作场所不文明行为会激发员工的负向行为。具体来说，工作场所中来自主管或同事的不文明行为虽然并不直接针对旁观者，但是会引起旁观者的程序公平感，并导致一系列后续的认知和行为反应。如参与到针对不文明行为实施者的报复行为中（Turillo et al.,

2002），启动旁观者内在的侵略性或反组织动机（O'Leary，Griffin & Grew，1996）。员工可能为了恢复内在的程序公平而参与到多种对组织有害的行为中，如工作中的退缩行为、迟到和早退等行为，而这些行为最终都会对员工工作绩效和创造力产生消极影响，不利于员工工作有效性的发挥（O'Fallon & Butterfield，2012）。

由此，本书提出如下假设：

假设1：工作场所不文明对旁观者工作绩效有负向影响。

假设2：工作场所不文明行为对旁观者创造力有负向影响。

6.2.2 旁观者道义公平的中介作用

道义公平理论（deontic justice theory）认为，人们关注公平，并非出于自我利益的考虑，而是出于道德责任和公平本身，人们具有追求公平的内在动机，即使这样的行为存在成本（Floger，2001）。公平是一种伦理美德和道德义务，追求公平是最终目标而不是维护个人利益的手段（Cropanzano，Goldman & Floger，2005）。道义公平的体验源于个体关于人们应该被如何对待的道德假设，并激励个体做出符合伦理道德的反应。道义公平的理论为考察旁观者的反应提供了一个全新的思路和视角，有助于解释与自我利益不相关的情况下，为何旁观者会对他人的不当遭遇产生一些道德性的反应（Skarlicki，O'Reilly & Kulik，2015）。

O'Reilly和Aquino（2011）提出的道义公平模型指出，工作场所中观察到的多种负面行为都会引发旁观者的道义不公平。工作场所不文明行为研究发现，无论是主管或同事，甚至是顾客的不文明行为都会激发旁观者的道义不公平。工作场所不文明行为违背相互尊重人际规范的特点与个体内在道德体系的人们在工作中被尊重对待的期望是相悖的（Andersson & Pearson，1999），所以旁观者在观察到主管或者同事的粗鲁、无礼行为之后，就违背了其内在的道德期望而产生道德直觉（O'Reilly & Aquino，2011），这些道德直觉可能并不是旁观者有意识的行为，而是无意识的反应。在产生道德直觉的同时，旁观者会体验到道德愤怒（道义公平的核心维度）（Lotz et al.，2011），并产生于基于道德的行为反应。在Reich和Hershcovis（2015）的研究中发现，工作场所不文明行为中的旁观者会对其所观察到的不文明行为作出道义公平的回应，即旁观者观察到来自主管或同事的不文明行为会引发员工的道德不公平。Herschovis 和 Bhatnagar（2017）的研究基于服务交互情景，考察服务交互中当旁观顾客观察到其他顾客对服务员工的不文明行为时，其道义公平会受到损害，产生道德愤怒和同理心。以上理论和实证分析均表明，工作场所不文明行为对旁观者道义公平产生消极的作用。

当旁观者感知到道义不公平之后，在内在道德动机的驱动下，会试图通过多种方式消除内心的道义不公平感，认为恢复公平，消除或纠正不公平的现象是"做正确的事"（Rupp & Bell, 2010），即使纠正不公平的过程需要旁观者付出代价，他们仍然可能这样做（Floger, 2001）。旁观者纠正不公平主要是通过三种方式进行：其一是帮助受害者；其二是惩罚实施者（Darley & Pittman, 2003; Reich & Herschovis, 2015）；其三是通过自己工作中消极怠工或罢工等方式引起组织对不公平事件的注意和处理（Skarlicki & Kulik, 2004）。其中前两种直接针对违背道义公平的直接参与方，而第三种方式是针对自身的行为反应。这三种方式中任何一种都会影响旁观者自身的工作有效性，不利于员工在工作中有良好的绩效和创造力表现。在第三种方式中，旁观者消极怠工和旷工行为都是与提升工作有效性直接相悖的，势必会阻碍员工在工作中工作绩效和创造力的提升。第一种和第二种方式，员工对实施者进行惩罚和对受害者给予帮助，都会消耗员工正常的工作时间和工作中的资源，导致员工用于提升工作有效性的资源被占用，造成员工投入提升工作绩效和创造力的资源的相对减少，从而阻碍员工工作绩效和创造力。从员工提升工作有效性的内在动机来看，不文明行为及其引发的旁观者道义不公平感，会阻碍员工在工作中自我提升和自我增强的动机（Chen et al., 2013），甚至是产生工作中的退缩行为（Miner-Rubino & Cortina, 2004），这些都表明不文明行为及其对旁观者道义公平的影响会阻碍员工在工作中提升工作绩效和创造力的内在动机。

综上所述，工作场所中不文明行为会引发旁观者的道义不公平，而旁观者纠正道义不公平的过程和方式均会对其自身的工作有效性（工作绩效和创造力）产生消极作用。由此，本章进一步推测，旁观者的道义公平能够传导工作场所不文明行为对其工作有效性的影响。基于以上论述，本书提出如下假设：

假设3：道义公平在工作场所不文明行为与旁观者工作绩效的关系中发挥中介作用。

假设4：道义公平在工作场所不文明行为与旁观者工作创造力的关系中发挥中介作用。

6.2.3 公正世界信念的调节作用

公正世界信念源于个体内在的基本需要，即个体需要相信自己生活的世界是公正的（Lerner & Miller，1978），从公正世界信念的内涵上来看，公正世界信念认为发生在自己或他人身上各种好的或坏的事情都并不是偶然的，而是得其所应得，所得即应得。当坏的结果出现时，特别是对于他人遭受的坏的结果，人们会认为这是其自身咎由自取的。公正世界信念的这些特点和内涵使其十分适合从旁观者视角进行研究。个体针对自己和针对他人的公正世界信念并非总是一致的（Bègue & Bastounis，2003；Lipkus，Dalbert & Siegler，1996），这些研究较为一致地认为个体的自我公正世界信念往往比他人公正世界信念更高，人们往往相信自己会被公正对待，他人遭受到的坏的事情或结果不会降临到自己头上。

根据Dalbert（2001），公正世界信念的主要存在三个方面的功能：第一，公正世界信念是促进个体公平表现的机制，激励个体通过公平的方式实现自身的目标（Hafer，2000）。第二，公正世界信念会影响个体对他人的信任，高公正世界信念者往往会给予他人更多的信任（Dzuka & Dalbert，2007）。第三，公正世界信念的最后一个功能是同化，指公正世界信念能帮助个体以有意义的方式解释生活和工作中的事件，从而对个人经历做出更公正的评价（Peter & Dalbert，2010）。

本章从如下几个方面解释公正世界信念在工作场所不文明行为与旁观者道义公平关系中的调节作用。根据公正世界信念的功能，公正世界信念能够帮助个体以更有意义的方式解释生活和工作中的事件（Peter & Dalbert，2010）。由此，公正世界信念为工作场所不文明行为提供了一些有意义的解释，已有研究发现，公正世界信念能够为工作场所负向行为提供合理化的解释，减少对负向行为的消极认知，如曹元坤等（2015）发现，相比于公正世界信念低的员工，公正世界信念高的员工更容易将领导者的辱虐管理行为进行合理化。Poon 和 Chen（2014）的研究也发现，在面对职场排斥时，高公正世界信念的个体会感受到更少的敌意，也会认为负向行为的实施者更不值得被惩罚（Poon & Chen, 2014）。工作场所不文明行为作为职场负向行为中强度最低的一种，且具备伤害意图模糊的特征，由此相比其他高强度且具有明显伤害意图的职场负向行为（如职场排斥、辱虐管理）更容易被高公正世界信念者合理化解释。从资源的角度来看，公正世界信念是个体相对稳定的信念和特征。在面对职场中与自身公正世界信念不同的事件时，个体往往会努力采取多种心理策略来应对，通常的做法是改变对不公平事件的认知，使其符合内在的信念（Lerner, 1980），因此，高公正世界信念个体在面对与其内在公正信念相抵触的工作场所不文明行为时，会出现更少的道义公平反应。从归因的角度来看，公正世界信念的个体更倾向于内在归因，特别是在观察到职场负面行为时（Skarlicki, O'Reilly & Kulik, 2015），而根据 Skarlicki 和 Kulik（2004）所提出的旁观者对所观察到的职场不当行为反应模型，旁观者的在职场负面行为中的归因直接影响其道义公平感的产生和强弱。如果旁观者认为职场负面行为的责任归咎于受害者自身，则会更少做出基于道德的反应。

由此，本书提出如下假设：

假设 11：公正世界信念调节工作场所不文明行为与旁观者道义公平的关系。

在本书的第 4 章、第 5 章都验证了道义公平在工作场所不文明行为与旁观者工作有效性（工作绩效和创造力）关系中的中介效应，根据第 4 章和第 5 章的实证研究结论，工作场所不文明行为会通过引发旁观者道义不公平感而作用于其工作有效性。结合本章对公正世界信念在工作场所不文明行为与旁观者工作有效性关系中的调节作用的论述，公正世界信念作为个体稳定的内在信念，可能调节道义公平在工作场所不文明行为与旁观者工作有效性关系中的中介作用。具体来说，公正世界信念会弱化工作场所不文明行为通过道义公平对旁观者工作有效性的正向影响，低公正世界信念会强化工作场所不文明行为通过道义公平对旁观者工作有效性的正向影响。由此，本书提出如下假设：

假设 12：公正世界信念调节工作场所不文明行为通过道义公平对旁观者工作绩效的间接作用。公正世界信念水平越高，这一中介作用越弱，反之则越强。

假设 13：公正世界信念调节工作场所不文明行为通过道义公平对旁观者创造力的间接作用。公正世界信念水平越高，这一中介作用越弱，反之则越强。

6.3 研究方法

6.3.1 研究程序和研究样本

本章的研究样本来自江西省的 3 家大型企业。在这 3 家企业中，包括 1 家电力企业、1 家科技企业和 1 家传媒企业。为了保证问卷发放回收的准确性，研究者事先与所调研企业的人力资源管理部门取得联系，获取了调研企业员工名录，并随机抽取适当员工和他们的主管进行配对和编号。为了保证问卷调查的准确性和数据的隐秘性，调查问卷均装在封口贴有双面胶的信封中，并告知被调查者在填制完成问卷之后即可用双面胶密封。为了尽可能地避免共同方法偏差对研究的影响，本章以配对方式收集数据，共设计了两套问卷。主管问卷包括对员工创造力和工作绩效的评价和个人信息。员工问卷包括工作场所不文明行为、道义公平、公正世界信念以及个人信息。其中时间点 1 的员工问卷包含对工作场所不文明行为的测量，时间点 2 的员工问卷包含对道义公平和公正世界信念的测量，两个时间点间隔 4 周。

本章在时间点 1 发放员工问卷 190 份，回收员工问卷 180 份。在时间点 2，向完成了时间点 1 问卷的 180 名员工及其主管发放时间点 2 问卷，共回收 168 份员工—主管配对问卷。研究者进行问卷配对和废卷处理工作，剔除空白过多、反应倾向过于明显的问卷，得到了 157 份有效问卷。有效回收率为 82.6%。

样本的构成情况如表 6-1 所示，在所调研的员工中男性 83 人，占比为 52.6%，女性 74 人，占比为 47.1%；年龄在 26~29 岁的员工最多，为 49 人，占比为 31.2%，25 岁及以下的员工数量为 27 人，占比为 17.2%，年龄在 30~39 岁的员工 38 人，占比为 24.2%；已婚员工 92 人，占比为 58.6%。

表 6-1　　　　　　样本基本信息（子研究三）

名称	项目	数量（个）	百分比（%）
性别	男	83	52.9
	女	74	47.1
年龄	25 岁及以下	27	17.2
	26~29 岁	49	31.2
	30~39 岁	38	24.2
	40 岁及以上	43	27.4
婚姻状况	已婚	92	58.6
	未婚	65	41.4
受教育程度	大专及以下	82	52.2
	本科	55	35.1
	硕士及以上	20	12.7

6.3.2　研究工具

本章涉及的变量包括工作场所不文明行为、道义公平、公正世界信念、工作绩效和创造力。本章一方面尽量选择以往在中国文化情境下被使用过使用且表现出较好的信度和效度的量表。另一方面对于英文版的量表，严格遵循 Brislin（1980）提出的"翻译—回译"程序将原始的英文问卷转换成中文版问卷进行使用。

（1）工作场所不文明行为。

本章采用 Cortina 等（2001）所开发的 7 题项量表测量工作场所不文明行为。该量表在工作场所不文明行为研究中被广为使用，具有良好的信度和效度（e.g. Trudel & Reio，2011）。Chen 等（2013）在中国文化情境下的研究说明该量表表现出较好的心理测量学特性，国内学者毛畅果和孙健敏（2013）的研究也验证了该量表在中国文化情境下的适用性。以往的研究发现该量表不仅用于受害者视角（e.g. Chen et al.，2013）和实施者视角（e.g. Trudel & Reio，2011）的测量，也被用作旁观者视角的测量（Miner & Eischeid，2012）。本书的子研究一和子研究二也是采用该量表测量工作场所不文明行为（Cronbach's α 系数分别为 0.909 和 0.901）。该量表包含 7 个题项，代表性题项如"轻视或以居高临下的方式对待他人"。在本章中采用 Likert5 点式计分，从 1~5 分别表示"完全不同意"~"完全同意"。

（2）道义公平。

本章采用 Beugré（2012）编制的道义公平量表中核心维度"道德愤怒"（moral outrage）分量表来考察旁观者的道义公平。在已有的研究中，如王端旭等（2017）和 Zheng（2015）均是采用类似的做法考察旁观者对所观察到的职场负向行为的道义公平感知。本章的子研究一和子研究二也是采用该量表测量工作场所不文明行为（Cronbach's α 系数分别为 0.841 和 0.871）。该量表包含 4 个题项，代表性题项如"观察到他人遭受不公平待遇时，会感到难过"。在本章中采用 Likert5 点式计分，从 1~5 分别表示"完全不同意"~"完全同意"。

（3）公正世界信念。

本章采用 Maes 和 Schmitt（1999）所开发的内在公正世界信念量表测量旁观者的公正世界信念。该量表包含 5 个题项，代表性题项包括"如果某人在职场被不公平地对待，那么他会以其他方试被补偿"。在本章中采用 Likert5 点式计分，从 1~5 分别表示"完全不同意"~"完全同意"。

（4）工作绩效。

本章对工作绩效的界定主要是工作结果相关的指标，根据这一界定，我们采用了 Williams 和 Anderson（1991）所开发的五题项员工工作绩效量表。虽然该量表的开发时间较早，但直到近年来，该量表仍然被广为使用，如 Methot（2015）运用该量表考察职场多重友谊关系对员工工作绩效的影响。本书的子研究一和子研究二也是采用该量表测量工作绩效（Cronbach's α = 0.808 和 0.822）。在本章中采用 Likert5 点式计分，从 1~5 分别表示"完全不同意"~"完全同意"。

（5）创造力。

本章中员工在工作中的创造力由其主管进行评价，采用了 Farmer, Tierney 和 Kung-Mcintyre（2003）所开发的创造力测量工具。该测量工具在创造力研究中也多次被使用，如刘文兴、廖建桥和张鹏程（2012）的研究就在中国文化情境下运用了该量表。该量表包含 4 个题项，代表性题项如

"以有创意的方式解决工作问题"。本书的子研究一和子研究二也是采用该量表测量工作场所不文明行为（Cronbach's α=0.773和0.763）。

（6）控制变量。

以往关于员工工作绩效和创造力的研究发现，人口统计变量可能会对员工在工作中的绩效和创造力表现产生影响，如年龄、性别、婚姻状况和教育程度等（Gong, Cheung, Wang & Huang, 2012）。因此，在回归方程中，本章对这些人口统计学变量的相似性进行了控制。

6.3.3 分析策略

本章主要使用了 SPSS 20.0 和 Amos 17.0 两种数据分析工具对数据进行分析。具体来讲，首先，利用 AMOS 17.0 进行验证性因素分析检验所测量的各变量之间结构的独立性；其次，运用 Harman 单因素分析考察共同方法偏差；再其次使用均值、标准差、相关系数及信度系数对变量和变量之间的关系进行初步描述；最后，使用多元回归分析和 Hayes（2013）所开发的 SPSS/SAS 宏 PROCESS 考察工作场所不文明行为、道义公平与员工工作有效性（工作绩效和创造力）之间的关系以及公正世界信念在其中的调节作用。

6.4 数据分析与研究假设

6.4.1 信度分析

与子研究一和子研究二一样，本章运用 Cronbach's α 系数和 CITC 值法考察研究变量的信度。这两种方式都是当前研究中常用的信度指标。一般来说，当某一个题项的 CITC（corrected item-total correlation，即每一项与其他剩余项之间的相关关系）低于 0.5 且删除该题项之后的 Cronbach's α 系数高于原来的整体 Cronbach's α 系数，则要删除该题项。

具体来说，各主要变量的信度分析如下。

(1) 工作场所不文明行为的信度分析。

表6-2描述了工作场所不文明行为量表的CITC值以及Cronbach's α系数。根据表6-2,工作场所不文明行为量表的Cronbach's α系数为0.931,工作场所不文明行为的7个题项的CITC值均大于0.5,且任意一个题项的删除所得到的α系数都不高于量表整体的α系数,因此,本章所采用的工作场所不文明行为量表符合心理测量学的信度要求,量表中的7个题项均可以保留,无须删除。

表6-2　　　　工作场所不文明行为量表的信度(子研究三)

编号	CITC值	删除该项目后的α系数	整体α系数
WI1	0.790	0.919	
WI2	0.833	0.915	
WI3	0.804	0.918	
WI4	0.742	0.924	0.931
WI5	0.777	0.920	
WI6	0.797	0.918	
WI7	0.713	0.927	

(2) 道义公平的信度分析。

表6-3描述了道义公平量表的CITC值以及Cronbach's α系数。根据表6-3,道义公平量表的Cronbach's α系数为0.774,道义公平的4个题项的CITC值均大于0.5,且任意一个题项删除之后的Cronbach's α系数都不高于整体的Cronbach's α系数,但并不同时符合两个删除条件,因此道义公平量表中的4个题项均可以保留,无须删除。

表6-3　　　　　道义公平量表的信度(子研究三)

编号	CITC值	删除该项目后的α系数	整体α系数
DJ1	0.719	0.754	
DJ2	0.802	0.768	0.774
DJ3	0.785	0.664	
DJ4	0.604	0.688	

(3) 公正世界信念的信度分析。

表 6-4 描述了公正世界信念量表的 CITC 值以及 Cronbach's α 系数。根据表 6-4，公正世界信念量表的 Cronbach's α 系数为 0.914，公正世界信念 5 个题项的 CITC 值均大于 0.5，且任意一个题项的删除所得到的 Cronbach's α 系数都不高于量表整体的 α 系数，因此，本章所采用的消极情绪量表符合心理测量学的信度要求，量表中的 5 个题项均可以保留，无须删除。

表 6-4　　　　公正世界信念量表的信度（子研究三）

编号	CITC 值	删除该项目后的 α 系数	整体 α 系数
BJW1	0.782	0.884	0.914
BJW2	0.821	0.886	
BJW3	0.818	0.887	
BJW4	0.791	0.892	
BJW5	0.692	0.913	

(4) 工作绩效的信度分析。

表 6-5 描述了工作绩效量表的 CITC 值以及 Cronbach's α 系数。根据表 6-5，工作绩效量表的 Cronbach's α 系数为 0.829，工作绩效量表 5 个题项的 CITC 值均大于 0.5，且任意一个题项的删除所得到的 Cronbach's α 系数都不高于量表整体的 α 系数，因此，本章所采用的工作绩效量表符合心理测量学的信度要求，量表中的 5 个题项均可以保留，无须删除。

表 6-5　　　　工作绩效量表的信度（子研究二）

编号	CITC 值	删除该项目后的 α 系数	整体 α 系数
EP1	0.540	0.825	0.829
EP2	0.685	0.777	
EP3	0.690	0.777	
EP4	0.559	0.802	
EP5	0.637	0.792	

(5) 创造力的信度分析。

表 6-6 描述了创造力量表的 CITC 值以及 Cronbach's α 系数。根据表 6-6，创造力量表的 Cronbach's α 系数为 0.858，创造力量表 4 个题项

的 CITC 值均大于 0.5，且任意一个题项的删除所得到的 α 系数都不高于量表整体的 α 系数，因此，本章所采用的创造力量表符合心理测量学的信度要求，量表中的 4 个题项均可以保留，无须删除。

表 6-6　　　　　　　创造力量表的信度（子研究三）

编号	CITC 值	删除该项目后的 α 系数	整体 α 系数
EC1	0.699	0.822	0.858
EC2	0.753	0.801	
EC3	0.712	0.816	
EC4	0.654	0.840	

6.4.2　效度分析

本章采用验证性因子分析的方法考察研究变量的构念效度和区分效度。由于本章的主要变量包含工作场所不文明行为、道义公平、公正世界信念、工作绩效和创造力，由此本章构建了 5 因子基准模型、4 因子模型、3 因子模型、2 因子模型和单因子模型来考察各研究变量之间的区分效度。各模型的拟合指数如表 6-7 所示。根据表 6-7，观察数据与 5 因子模型的拟合度很好（$\chi^2/df = 1.918$，NFI = 0.92，TLI = 0.91，CFI = 0.93，RMR = 0.06，RMSEA = 0.05），各拟合指标达到了学界认可的标准，且明显优于其他四个替代模型，这表明本章所涉及的 5 个变量具有良好的区分效度。

表 6-7　　　　　　　验证性因子分析结果（子研究三）

模型	χ^2	df	χ^2/df	NFI	TLI	CFI	RMR	RMSEA
5 因子	508.31	265	1.918	0.92	0.91	0.93	0.06	0.05
4 因子	633.64	269	2.356	0.87	0.81	0.83	0.08	0.09
3 因子	822.46	272	3.024	0.76	0.75	0.77	0.10	0.12
2 因子	1134.23	274	4.139	0.69	0.66	0.66	0.11	0.13
单因子	1416.60	275	5.151	0.65	0.61	0.66	0.13	0.14

注：4 因子模型合并工作绩效与创造力；3 因子模型合并道义公平和消极情绪，工作绩效与创造力；2 因子模型合并工作场所不文明行为、道义公平和消极情绪，工作绩效与创造力，单因子模型合并所有变量。

6.4.3 共同方法偏差的检验

虽然本章在两个时间点采集员工—主管配对样本进行检验,但研究中工作场所不文明行为、道义公平和消极情绪均由员工自评,可能存在共同方法偏差的问题,由此本章采用 Harman(1960)单因素检验和验证性因子分析考察共同方法偏差。Harman 单因素检验的结果发现,一共析出五个因子,第一个因子的解释率为37%,表明共同方法偏差在本章中并未造成严重的问题。

6.4.4 研究变量的相关分析

表6-8列出了本章各研究变量的均值、标准差、变量间的相关系数等。根据表6-8,工作场所不文明行为与旁观者道义公平显著负相关($r = -0.469, p < 0.01$),与旁观者工作绩效显著负相关($r = -0.385, p < 0.01$),与旁观者创造力显著负相关($r = -0.422, p < 0.001$);道义公平与旁观者工作绩效显著正相关($r = 0.546, p < 0.01$),与旁观者创造力显著正相关($r = 0.500, p < 0.01$)。这些相关分析的结果为本章的理论模型提供了初步的支持。

此外,性别、年龄、婚姻状况、学历等人口统计特征因素与本章中的主要变量的相关性并不大,但为了更准确地考察各主要变量之间的关系,本章在回归分析中还是将这些人口统计特征变量作为控制变量处理。

表6-8 各变量均值、标准差和相关系数(子研究三)

变量	M	SD	1	2	3	4	5	6	7	8
1. 性别	1.47	0.501								
2. 年龄	2.62	1.065	0.075							
3. 婚姻状况	1.41	0.494	-0.146	-0.148						
4. 学历	1.48	0.712	0.030	0.115	0.035					
5. 不文明行为	2.71	0.736	0.054	0.062	-0.196*	0.061				
6. 道义公平	3.43	0.689	-0.040	-0.025	0.141	-0.047	-0.469**			

续表

变量	M	SD	1	2	3	4	5	6	7	8
7. 公正世界信念	1.98	1.040	-0.061	0.123	-0.085	0.020	0.197**	-0.420**		
8. 工作绩效	3.74	0.722	-0.115	-0.074	0.184*	-0.157*	-0.385**	0.546**	-0.037	
9. 创造力	3.75	0.727	-0.031	-0.048	0.080	-0.050	-0.422**	0.500**	-0.114	0.517**

注：N=157；显著性水平 * 表示 $p<0.05$；** 表示 $p<0.01$。

6.4.5 假设检验

本章首先采用 SPSS 20.0 工具的多元线性回归来检验相关中介作用假设。分析结果如表 6-9 所示。首先，将人口统计特征变量纳入回归模型；其次，逐步将自变量（工作场所不文明行为）纳入回归模型。根据表 6-9，工作场所不文明行为与旁观者工作绩效存在显著的负相关关系（$\beta = -0.351, p < 0.01$），与旁观者创造力显著负相关（$\beta = -0.420, p < 0.01$）。由此，本章的假设 H6-1 和假设 H6-2 再次得到了验证。

表 6-9 道义公平的中介效应分析结果（子研究三）

	道义公平		员工工作绩效		员工创造力	
	模型1	模型2	模型3	模型4	模型5	模型6
员工性别	-0.018	-0.008	-0.075	-0.071	-0.007	-0.004
员工年龄	0.141	0.053	0.106	0.082	-0.005	-0.026
员工婚姻状况	0.003	0.014	-0.016	-0.022	-0.019	-0.025
员工学历	-0.052	-0.023	-0.136	-0.125	-0.021	-0.013
工作场所不文明行为		-0.458**	-0.351**	-0.141*	-0.420*	-0.242**
道义公平				0.459**		0.389**
R^2	0.023	0.223	0.185	0.349	0.179	0.297
ΔR^2		0.20**		0.163**		0.118**
F	0.893	8.627**	6.867**	13.396**	6.581**	10.538**

注：N=157；* $p<0.05$，** $p<0.01$。

本章采用 Baron 和 Kenny（1986）的分步分析法检验道义公平和消极情绪的中介作用。首先，需要满足自变量对因变量有显著影响，根据

表6-9，在控制了性别、年龄、婚姻状况和学历之后，工作场所不文明行为对工作绩效（β=-0.351，p<0.01）和创造力（β=-0.420，p<0.01）均有着显著的负向影响，这就满足了第一个条件。其次，需要满足自变量对中介变量有显著影响，根据表6-9，在控制了性别、年龄、婚姻状况和学历之后，工作场所不文明行为对道义公平（β=-0.458，p<0.01）有显著的负向影响，这就满足了第二个条件。最后，需要在控制了中介变量之后，中介变量对因变量的影响显著，且自变量对因变量的影响减弱或者不显著。根据表6-9，当道义公平被纳入回归模型之后，道义公平对工作绩效（β=0.459，p<0.01）和创造力（β=0.389，p<0.01）有着显著的正向影响，工作场所不文明行为对工作绩效（β=-0.141，p<0.05）和创造力（β=-0.242，p<0.01）的影响减弱。这说明道义公平在工作场所不文明行为与旁观者工作绩效和创造力的关系中有中介作用，再次验证了假设3和假设4。

假设11提出公正世界信念会调节工作场所不文明行为与道义公平之间的关系。本章用层级回归进行考察。首先，将控制变量放入回归方程；其次将工作场所不文明行为和公正世界信念放入回归方程；最后将工作场所不文明行为和公正世界信念的乘积项（为防止共线性，对变量的乘积项进行了均值中心化处理）放入回归方程。如表6-10所示，工作场所不文明行为和公正世界信念的乘积项对道义公平有显著预测作用（β=0.449，p<0.01），由此假设11得到了支持。本章进一步绘制了调节效应图以更加清晰地呈现尽责性的调节作用，如图6-2所示。为了清晰和直观地展示公正世界信念的调节作用，本章绘制了调节效应图。

表6-10　　　　　公正世界信念的调节作用分析结果

	道义公平		
	模型7	模型8	模型9
控制变量			
员工性别	-0.018	-0.018	-0.001
员工年龄	0.141	0.047	0.065
员工婚姻状况	0.003	0.028	0.017
员工学历	-0.052	-0.025	-0.004

续表

	道义公平		
	模型7	模型8	模型9
主效应			
工作场所不文明行为		-0.437**	-0.099
公正世界信念		-0.120	-0.078
调节效应			
工作场所不文明行为×公正世界信念			0.449**
R^2	0.023	0.237**	0.318**
ΔR^2		0.214**	0.081**

注：N=157；* $p<0.05$，** $p<0.010$。

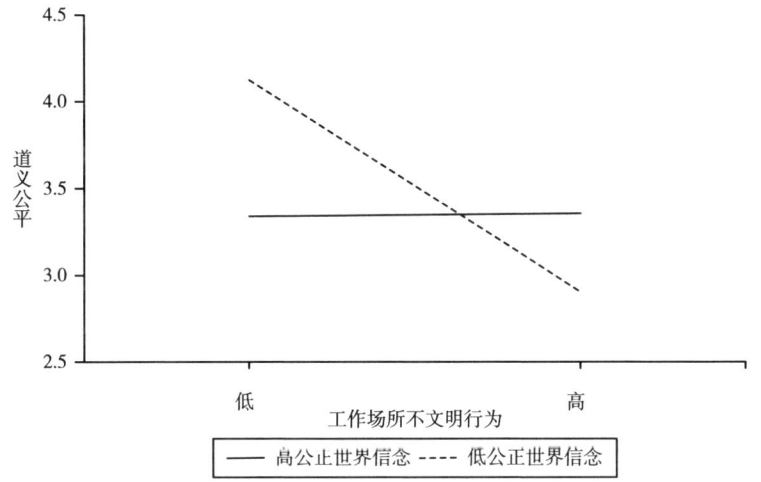

图6-2 公正世界信念的调节效应

假设12和假设13是一个被调节的中介效应假设。本章运用PROCESS进行分析。结果如表6-11和表6-12所示，对于低公正世界信念员工，工作场所不文明行为通过道义公平对工作绩效的间接效应相对较高（b=-0.22，95%的无偏置信区间为[-0.36,-0.11]，不包括0）；对于高公正世界信念员工而言，间接效应则相对较低（b=-0.03，95%的无偏置信区间为[-0.11, 0.04]，包括0）。在两个水平下，间接效应的差值为-0.19，置信区间为[-0.30,-0.13]，不包括0，表明差异显著。由此说明，公正世界信念会调节工作场所不文明行为通过道义公平对员工工作绩效的间接影响，假设12得到支持。

表6-11　　被调节的中介效应分析结果（工作绩效）

公正世界信念	间接效应	SE	中介效应95%的置信区间
低公正世界信念	-0.22	0.06	[-0.36，-0.11]
高公正世界信念	-0.03	0.04	[-0.11，0.04]
（低—高）公正世界信念	-0.19	0.06	[-0.30，-0.13]

同样，对于低公正世界信念员工，工作场所不文明行为通过道义公平对创造力的间接效应相对较高（b = -0.19，95%的无偏置信区间为[-0.30，-0.10]，不包括0）；对于高公正世界信念员工而言，间接效应则相对较低（b = -0.03，95%的无偏置信区间为[-0.10，0.03]，包括0）。在两个水平下，间接效应的差值为-0.16，置信区间为[-0.23，-0.09]，不包括0，表明差异显著。由此说明，公正世界信念会调节工作场所不文明行为通过道义公平对员工创造力的间接影响，假设13得到支持。

表6-12　　被调节的中介效应分析结果（创造力）

公正世界信念	间接效应	SE	中介效应95%的置信区间
低公正世界信念	-0.19	0.05	[-0.30，-0.10]
高公正世界信念	-0.03	0.03	[-0.10，0.03]
（低—高）公正世界信念	-0.16	0.06	[-0.23，-0.09]

6.5　研究结论与讨论

本章在子研究一（第4章）和子研究二（第5章）对道义公平和程序公平、道义公平和消极情绪在工作场所不文明行为与旁观者工作有效性关系（工作绩效和创造力）关系中中介作用验证的基础上，再一次考察和验证道义公平在这一关系中的中介作用及其作用边界。基于157对员工—主管配对和追踪的研究数据，本章考察道义公平在工作场所不文明行为与旁

观者工作有效性关系中的中介作用以及公正世界信念的调节作用,主要的研究结论包括:

首先,本章基于不同的样本,在第4章和第5章研究的基础上,再次交叉验证了工作场所不明行为与旁观者工作有效性的关系。研究结论显示,在中国文化情境下,工作场所不文明行为对旁观者工作有效性的过程(创造力)和工作有效性的结果(工作绩效)均产生消极作用。不仅响应了工作场所不文明行为领域学者的关于基于旁观者视角考察不文明行为影响的号召(Schilpzand, Pater & Erez, 2016),而且拓展了基于旁观者视角的不文明行为研究成果,研究结论显示,工作场所不文明行为不仅会影响旁观者针对实施者和受害者的认知和行为反应,而且能够对其自身的认知和行为产生影响。

其次,本章再次验证了道义公平在工作场所不文明行为与旁观者工作有效性(工作绩效和创造力)关系中的中介作用。结合第4章和第5章的研究,三个不同样本的研究均显示道义公平在工作场所不文明行为与旁观者工作有效性(工作绩效和创造力)关系中发挥中介作用。这表明道义公平这一关系中稳定地发挥中介作用。旁观者基于道德的公平认知能够在工作场所不文明行为与其有效工作的过程(创造力)和有效工作的结果(工作绩效)的关系中发挥重作用,这是对道义公平理论的补充,特别是对相关实证研究结论的补充。

最后,研究结论显示,公正世界信念不仅能够调节工作场所不文明行为与旁观者道义公平的关系,而且能够调节道义公平在工作场所不文明行为与旁观者工作有效性(工作绩效和创造力)之间的中介作用。具体而言,旁观者的公正世界信念越高,工作场所不文明对其道义公平的影响越小,工作场所不文明行为通过道义公平对其工作有效性(工作绩效和创造力)的影响也越弱。这与新近的负向行为研究中关于旁观者对职场负向行为反应的认识是一致的(Mitchell, Vogel & Folger, 2015; Shao, Li & Mawritz, in press),说明并非所有的旁观者对职场负向行为所产生的道义公平程度和反应存在差别。

第 7 章 结论与讨论

在前面六个章节，本书深入和系统地考察了工作场所不文明行为对旁观者工作有效性的影响及作用机制，并考察道义公平作为立足旁观者视角的公平认知理论代表能否在传统的程序公平和情感事件机制的基础上解释工作场所不文明行为对旁观者工作有效性的影响及其作用边界。在本章，本书试图对全书进行总结和讨论，阐述本书的主要结论，以及对相关领域理论的贡献和管理实践的启发，并提出本书可能的局限和不足。

7.1 主要研究结论

自 Andersson 和 Pearson（1999）系统性地提出工作场所不文明行为的概念以来，学术界对这一职场负向行为的探讨已近二十年。二十年间，特别是近十年，学术界对工作场所不文明行为的影响因素、影响后果及作用机制的认识不断加深。管理实践界也越来越清晰地认识到其危害，不文明行为不仅仅对组织和直接参与方（实施者和受害者）造成影响，而且还会波及旁观者，在现有的研究中却并未深入地考察工作场所不文明行为对旁观者的作用和影响，特别是工作场所不文明行为对旁观者工作有效性（工作绩效和创造力）的影响机制。这包括工作场所不文明行为是否会影响旁观者的工作有效性（工作绩效和创造力）？工作场所不文明行为如何影响旁观者的工作有效性？工作场所不文明行为影响旁观者工作有效性的作用机制的解释的作用边界等。

本书基于旁观者视角，考察工作场所不文明行为对旁观者工作有效性（工作绩效和创造力）的影响，并集中考察立足旁观者视角的道义公平理

第 7 章 结论与讨论

论能否在已有的理论基础之上对不文明行为与旁观者工作有效性的关系提供独特的解释力，以及道义公平在工作场所不文明行为与旁观者工作有效性关系中的作用边界。围绕这一研究问题，本书开展了三项研究：研究一，工作场所不文明行为对旁观者工作有效性（工作绩效和创造力）的影响研究：基于道义公平和程序公平理论；研究二，工作场所不文明行为对旁观者工作有效性（工作绩效和创造力）的影响研究：基于道义公平理论和情感事件理论；研究三，工作场所不文明行为对旁观者工作有效性（工作绩效和创造力）的影响研究：一个有调节的中介模型。本书通过配对和追踪的方式收集问卷选取了三个不同样本的数据，并利用 SPSS 20.0 和 AMOS 17.0 统计分析软件对以上三个研究开展验证，详细地论证了工作场所不文明行为对旁观者工作有效性的影响过程和作用边界，得到的主要研究结论如下（假设检验汇总结果见表 7-1）：

（1）工作场所不文明行为对旁观者的工作有效性有着消极的影响，工作场所不文明行为不仅消极影响旁观者在工作中有效性的产生过程（创造力），而且对旁观者工作有效性的结果（工作绩效）也存在较大的负面效应。这一研究结论充实了基于旁观者视角的工作场所不文明行为研究成果，尽管已有的研究对工作场所不文明行为对员工工作绩效的消极影响进行了一定的考察（Chen et al., 2013；Giumetti et al., 2013），但相关研究大多是基于受害者视角的考察，并未深入考察不文明行为对旁观者工作绩效的作用，而关于工作场所不文明行为与员工创造力的研究，无论是基于受害者视角还是旁观者视角均十分少见，但国内外多次的调研均显示，无论是直接遭受不文明行为还是观察到他人之间的不文明交互均会影响员工的工作表现。本书中子研究一、子研究二和子研究三通过不同的样本对工作场所不文明行为与旁观者工作有效性的两个核心成分：工作绩效与创造力的关系进行了交叉验证，这一研究结论丰富了工作场所不文明行为的影响后果，特别是基于中国文化情境的旁观者视角工作场所不文明行为研究成果，说明工作场所不文明行为尽管强度低，但在组织中的危害性具有持续性，而且波及范围十分广泛，不仅能够影响直接参与者的工作表现，也对旁观者有效工作造成影响，不仅能够影响员工（受害者和旁观者）有效工作的直接结果（工作绩效），也能影响员工有效工作的过程（创造力）。

(2)工作场所不文明行为通过旁观者道义公平和程序公平影响其工作有效性(工作绩效和创造力)。本书在研究一基于公平认知的视角,以道义公平理论和程序公平理论为基础探讨工作场所不文明行为对旁观者工作有效性的影响机制。根据道义公平理论,旁观者会因为道德责任感而实施一些维护道德的行为,即使这样的行为存在成本(Floger,2001)。这为旁观者视角研究提供了理想的理论视角。但现有旁观者视角的研究立足道义公平理论考察旁观者在不文明行为中针对实施者和受害者的行为反应(即旁观者利他性的动机和行为反应)(Herschovis & Bhatnagar, 2017; Shao, Li & Mawritz, in press),但却忽视了道义公平反应对旁观者的潜在成本(即不文明行为对旁观者产生的针对自身的行为)。为了验证道义公平理论对旁观者的潜在成本,本书在研究一中以道义公平理论和程序公平理论为基础,检验基于公平道义论模型的道义公平理论和基于公平工具主义、人际关系模型的程序公平在工作场所不文明行为与旁观者工作有效性关系中的中介作用。通过对 231 名主管—员工的两轮配对问卷调查和数据分析,研究一的结果表明:旁观者道义公平在工作场所不文明行为与旁观者工作有效性(工作绩效和创造力)的关系中发挥部分中介的作用,旁观者程序公平在工作场所不文明行为与旁观者工作有效性(工作绩效和创造力)的关系中也发挥部分中介的作用,且在工作场所不文明行为与旁观者工作绩效的关系之间,旁观者程序公平的中介作用强于道义公平,在工作场所不文明行为与旁观者创造力的关系之间,旁观者道义公平的中介作用强于程序公平。这说明旁观者道义公平和程序公平可以通过不同的路径解释工作场所不文明行为与员工工作有效性之间的关系,但两者都是部分中介作用,说明工作场所不文明行为与工作有效性的作用机制是复杂的,还存在其他可能的影响路径。

本书关于道义公平和程序公平在工作场所不文明行为与旁观者工作绩效和创造力作用效果的假设仅得到了部分验证,对道义公平和程序公平间接效应对比的 Bootstrapping 检验结果显示,在工作场所不文明行为与旁观者工作绩效的关系中,程序公平和道义公平的中介作用并不存在显著差异,这可能是因为随着组织的发展和组织间竞争的激烈化,创造力也成为组织对员工的必要要求,组织中越来越多地强调创造力的作用,提升创造力同提升工作绩效一样成为员工在组织中应尽的义务与应担的责任(Vincent & Kouchaki, 2016; Zhou & Hoever, 2014), 创造力在组织中自由决定的性质被削弱了, 所以基于感性认知的道义公平与基于理性认知的程序公平所产生的影响并没有显著差异。

(3) 工作场所不文明行为通过旁观者道义公平和消极情绪影响其工作有效性 (工作绩效和创造力)。研究一验证了道义公平和程序公平在工作场所不文明行为与旁观者工作有效性关系中的中介作用, 但根据工作场所负向行为研究成果与受害者视角的不文明行为研究成果, 情绪和认知的视角均在工作场所负向行为的影响机制中具有重要的作用 (Mitchell & Vogel, 2015; Porath & Erez, 2009; 占小军, 2017)。因此, 工作场所不文明行为与旁观者工作有效性 (工作绩效和创造力) 之间的关系还可能是由情感事件理论所传导的, 为了进一步验证道义公平理论在不文明行为与旁观者工作有效性关系中的作用, 本书进一步考察和对比道义公平理论和情感事件理论在两者关系中的作用。通过对 235 名主管—员工的两轮配对问卷调查和数据分析, 研究二的结果表明: 旁观者道义公平在工作场所不文明行为与旁观者工作有效性 (工作绩效和创造力) 的关系中发挥部分中介的作用, 旁观者消极情绪在工作场所不文明行为与旁观者工作有效性 (工作绩效和创造力) 的关系中也发挥部分中介的作用。这说明旁观者道义公平和消极情绪可以通过不同的路径解释工作场所不文明行为与员工工作有效性之间的关系, 结合第 4 章的研究结论, 说明基于公平道义论模型的道义公平在传统的程序公平和情感事件机制的基础上, 进一步解释了不文明行为与员工工作有效性的关系, 即在工作场所不文明行为与旁观者工作有效性的关系中, 道义公平理论具有独特的解释力。

对道义公平和消极情绪间接效应对比的 Bootstrapping 检验结果显示, 无论是在工作场所不文明行为与旁观者工作绩效关系中, 还是在工作场所不文明行为与旁观者创造力的关系中, 消极情绪的中介作用均强于道义公平。这可能是由于情感事件的作用机制中, 情绪对员工行为的影响具有直接和间接两条驱动路径 (情感驱动行为和判断驱动行为), 体现了个体的感性和理性成分, 因而对员工行为的影响更为强烈 (Weiss & Weiss, 1996), 而道义公平的反应通常是员工无意识的感性反应。在工作绩效和创造力均作为组织对员工基本要求和考核指标的情况下, 消极情绪在这一关系中能发挥更大的作用。

(4) 旁观者公正世界信念调节工作场所不文明行为与旁观者道义公平之间的关系以及道义公平在工作场所不文明行为与旁观者工作有效性之间的中介作用。子研究二和子研究三的论证说明了道义公平在工作场所不文明行为与旁观者工作有效性（工作绩效和创造力）之间的关系，表明旁观者的道义公平反应可能给自己带来消极的后果，但这一关系中的作用边界如何，以及如何缓解这一后果，现有研究并未给出解答。根据 Lerner 和 Miller（1978），公正世界信念作为个体应对生活中不公正事件的重要心理资源和内在信念，可能会缓解旁观者道义公平反应对自己带来的消极后果。通过对 157 对员工—主管的两轮配对问卷调查和数据分析，子研究三的结果表明：旁观者公正世界信念调节工作场所不文明行为与旁观者道义公平之间的关系，对于高公正世界信念的旁观者，观察到的工作场所不文明行为对其道义公平的影响较小，工作场所不文明行为通过道义公平对工作有效性的影响也较小。这一研究结论不仅有助于更深入地剖析工作场所不文明行为与旁观者工作有效性的"作用黑箱"，而且是对公正世界研究的发展。以往的研究发现，公正世界信念能够缓解职场负面行为对受害者的影响（Poon & Chen, 2014；曹元坤等，2015），但并未有研究立足旁观者视角进行考察，本书说明公正世界信念也能缓解工作场所不文明行为对旁观者工作有效性的伤害，为缓解和消除工作场所不文明行为对旁观者工作有效性的消极作用提供了新的思路。

表 7-1　　　　　　　　　　本书的假设检验结果汇总

假设内容	验证结果
假设 1：工作场所不文明与旁观者工作绩效负相关	支持
假设 2：工作场所不文明行为与旁观者创造力负相关	支持
假设 3：道义公平在工作场所不文明行为与旁观者工作绩效的关系中发挥中介作用	支持
假设 4：道义公平在工作场所不文明行为与旁观者工作创造力的关系中发挥中介作用	支持
假设 5：程序公平在工作场所不文明行为与旁观者工作绩效的关系中发挥中介作用	支持
假设 6：程序公平在工作场所不文明行为与旁观者创造力的关系中发挥中介作用	支持
假设 7：在工作场所不文明行为与旁观者工作绩效的关系之间，旁观者程序公平的中介作用强于道义公平	支持

续表

假设内容	验证结果
假设8：在工作场所不文明行为与旁观者创造力的关系之间，旁观者道义公平的中介作用强于程序公平	不支持
假设9：消极情绪在工作场所不文明行为与旁观者工作绩效的关系中发挥中介作用	支持
假设10：消极情绪在工作场所不文明行为与旁观者创造力的关系中发挥中介作用	支持
假设11：公正世界信念调节工作场所不文明行为与旁观者道义公平的关系	支持
假设12：公正世界信念调节工作场所不文明行为通过道义公平对旁观者工作绩效的间接作用。公正世界信念水平越高，这一中介作用越弱，反之则越强	支持
假设13：公正世界信念调节工作场所不文明行为通过道义公平对旁观者创造力的间接作用。公正世界信念水平越高，这一中介作用越弱，反之则越强	支持

7.2 研究的主要创新点和理论贡献

本书响应了近年来研究中对不文明行为中旁观者关注的呼吁（Schilpzand，Pater & Erez，2016），顺应了近年来工作场所负面行为研究的发展趋势（Mitchel, Vogel & Folger, 2015; Shao, Li & Mawritz, in press），通过三个子研究考察工作场所不文明行为对旁观者工作有效性的影响，主要的创新点和理论意义包括：

第一，本书基于旁观者视角考察工作场所不文明行为的危害，据我们所知，这是首次在中国文化情境下基于旁观者视角考察工作场所不文明行为的旁观者效应。不仅响应了工作场所不文明行为研究领域主要学者的号召（Cortina, Kabat-Farr, Magley & Nelson, 2017; Miner et al., in press; Schilpzand, Pater & Erez, 2016），也拓展了中国情境下工作场所不文明行为的研究，虽然不文明行为研究的主题在2012年前后就被引入中国（毛畅果和孙健敏，2012；刘嫦娥和戴万稳，2012），但相关的实证研究成果并不多，本书的成果是中国文化情境下工作场所不文明行为旁观者视角的早期尝试，有效补充了中国文化情境下工作场所不文明行为对旁观者影响效应的研究。研究结论显示，工作场所不文明行为对旁观者工作有效性的过程（创造力）和工作有效性的结果（工作绩效）均存在显著的负向影响。这一研究结论有效补充了工作场所不文明行为的研究后果，特别是基于旁观者视角的影响后果，在研究内容和研究视角方面具有一定的创新意义和价值。

第二，本书基于道义公平理论、程序公平理论和情感事件理论考察这三种理论机制在工作场所不文明行为与旁观者工作有效性关系中的作用，从理论上拓展了工作场所不文明行为影响旁观者的多种理论路径，有助于揭开工作场所不文明行为与旁观者工作有效性的"作用黑箱"，本书实证检验了道义公平理论在两者关系中独特的解释力，是对道义公平理论的拓展和实证检验，也是对不文明行为研究中多种理论机制对比研究的全新尝试。近期发表的工作场所不文明行为研究综述性文章（Cortina et al., 2017; Miner et al., in press; Schilpzand et al., 2016）都反复强调了不文明行为研究中理论梳理与理论界定问题，本书立足于旁观者视角，在工作场所不文明行为与旁观者工作有效性的关系中对相关理论的整合，既澄清了工作场所不文明行为对旁观者工作有效性的影响，又有效地揭开了其内在的作用机制，有助于该领域内研究的系统性整合与完善，具有一定的创新意义和价值。

第三，本书考察了公正世界信念在工作场所不文明行为与旁观者道义公平关系中的调节作用以及对道义公平在工作场所不文明行为与旁观者工作有效性关系中的中介机制的调节作用，有利于从理论上拓展公正世界信念相关的研究。以往的研究发现，公正世界信念能够缓解工作场所负面行为受害者针对实施者或组织的报复行为（如曹元坤等，2015），本书的研究结论进一步拓展了相关研究，发现公正世界信念不仅可以缓解职场负向行为对受害者越轨行为的作用，也可以缓解职场负向行为对旁观者工作有效性的影响，有助于缓解和减轻职场负面行为对旁观者的危害。这是对公正世界信念研究的拓展，不仅补充了相关研究的实证成果，而且深入剖析和分析了公正世界信念在旁观者视角下的作用和功能。

第四，本书对工作场所负面行为研究也有启发意义。现有工作场所负面行为旁观者视角的研究均关注旁观者利他性的反应（针对负向行为实施者和受害者的反应），并未能考虑到工作场所负面行为引发的旁观者自身行为变化和产生的结果。这一研究结论说明，道义公平反应对旁观者而言并不尽然是有益的，有助于加强对工作场所负面行为中道义公平反应过程和结果的认知，启发未来的职场负面行为研究深入剖析多种可能和影响，实现相关理论的完善和发展。

7.3 实践启示

本书全面揭示了工作场所不文明行为对旁观者工作有效性的作用过程（创造力）和作用结果（工作绩效）的作用过程，研究结论对企业管理实践的启示包括：

第一，本书为工作场所不文明行为对旁观者工作有效性影响提供了实证支持，子研究一、子研究二和子研究三发现工作场所不文明行为对旁观者在工作中的绩效表现和创造力均有负向的影响，这一研究结论直接说明了工作场所不文明行为的伤害性，其不仅影响直接受害者，还对旁观者产生影响。这一研究结果提示企业和企业管理者对组织中的负向行为的重视和管理，即使是强度轻微的工作场所不文明行为，其危害范围和危害深度也不容忽视，不仅会给受害者带来伤害和影响，也能影响旁观者的工作绩效和创造力。由此企业应该建立对不文明行为的"零容忍"机制，通过正式的制度或程序规范员工在工作中的行为，降低或减少工作场所不文明行为的发生。此外，组织可以在人力资源管理的各个环节采取措施来预防工作场所不文明行为的发生，如在人才测评中加强对员工品德、修为的测评，减少未来发生工作场所不文明行为或其他负面行为的风险，在组织中培育互帮互助的企业文化，形成员工恭谦有礼的互动氛围。

第二，员工道义公平、程序公平和消极情绪在工作场所不文明行为与旁观者工作绩效和创造力的关系中发挥中介作用。这表明工作场所不文明行为不仅会影响旁观者工具主义的公平认知和道义性的公平感，而且能够影响旁观者的情绪，员工的情绪、道义公平、程序公平对旁观者员工工作有效性的结果（工作绩效）和工作有效性的实现过程（创造力）产生影响。这一研究结论说明了工作场所不文明行为影响旁观者工作有效性的过程，也为我们消除工作场所不文明行为对旁观者的伤害提供了启示。如组织管理者可以通过各种活动加强组织中工作流程的规范化和合理化，提升员工在组织中的程序公平感，并通过各种活动提升员工在工作中的积极情绪，消除员工的消极情绪，由此减弱观察到的工作场所不文明行为对他们的伤害。

第三，公正世界信念调节工作场所不文明行为与旁观者道义公平之间的关系，以及道义公平在工作场所不文明行为与旁观者工作有效性（工作绩效和创造力）之间的中介作用。公正世界信念高的旁观者在观察到不文明行为之后，道义公平感知会更低，其工作有效性（工作绩效和创造力）所受到的影响也更小。这说明公正世界信念高的旁观者不太容易受到所观察到的职场负面行为影响，他们会产生更少的道义公平反应，但其工作有效性受到的影响也相对更小，这说明公正世界信念是组织管理者需要重视的一种个人因素，需要在日常的管理中更加重视，也需要组织中营造更加公正和谐的氛围，尽量避免对员工公正世界信念的违背。

第四，虽然本书的研究主题是工作场所不文明行为这一职场中低强度、伤害意图模糊的负向行为，但响应了当代社会尊重个体价值、关切个体感受的积极转向。本书基于旁观者视角的考察为社会中重视个体价值和文明风尚扩充了新的思路和视角，有助于强化这些社会风尚，减少负向行为的潜在危害。

7.4　研究局限与展望

本书在中国组织情境下，立足旁观者视角考察不文明行为的影响，基于道义公平理论、程序公平理论和情感事件理论等考察工作场所不文明行为对旁观者工作有效性（工作绩效和创造力）的作用，探讨并验证道义公平、程序公平和消极情绪的中介作用以及公正世界信念的调节作用。验证了道义公平、程序公平和消极情绪在工作场所不文明行为与旁观者工作有效性关系中的中介作用，说明了道义公平理论在传统程序公平理论和情感事件理论的基础上对工作场所不文明行为与旁观者工作有效性的关系中具有独特的解释力，并考察了公正世界信念在道义公平作用机制中的调节作用。虽然研究者力图在理论基础、数据调查和假设检验等方面完善研究设计，提升研究的价值，但本书还存在诸多有待日后研究进行改进之处。

第一，研究设计问题。尽管本书从理论上阐述了研究变量之间的因果关系，但由于本书的研究方法较为单一，三个子研究均是采用问卷调查的方法，并非实验研究的设计或者经验抽样法的研究，这限制了研究变量之间因果关系的推断。此外，尽管本书采用员工—主管配对方法收集数据，但在三个子研究中，自变量和中介变量均由员工自评，可能存在共同方法偏差。尽管本书 Harman 单因子检验和共同方法偏差因子检验的结果说明本书不存在较大的共同方法偏差，但仍不能完全避免共同方法偏差的问题（Podsakoff et al.，2003）。未来的研究应尽可能在更多的时间点收集数据，或采用实验研究的设计以求更准确地解释变量之间的因果关联。

第二，变量测量的问题。由于客观数据获取的困难性和现实可行性，本书中员工工作绩效和创造力均由其主管进行评价，评价的结果会受到评价者主观因素等的作用，严格地说，可能并不是旁观者客观的工作有效性表现。未来的研究可以考虑通过多种方式收集员工客观绩效和创造力相关的指标，如根据员工获取的专利数量、得到的奖励等来衡量其在工作中创造力或工作绩效的表现，以便更准确地考察工作场所不文明行为对旁观者工作有效性的影响。

第三，作用机制的问题，尽管本书考察了道义公平、程序公平与消极情绪在工作场所不文明行为与旁观者工作有效性关系中的中介作用，并验证了道义公平理论在两者关系中的独特解释力，但工作场所不文明行为还会通过多种机制发生作用，如社会认同理论和社会交换理论等。这些在本书中均未能进行考察。未来的研究在条件允许的情况下应引入更多的中介机制，更加全面地揭开工作场所不文明行为影响旁观者工作有效性的"作用黑箱"，系统地解释工作场所不文明行为对旁观者工作有效性的影响。

第四，工作场所不文明行为影响旁观者道义公平的作用边界有待进一步检验。虽然本书考察了旁观者公正世界信念在其中的调节作用，事实上，组织氛围（Chen，Takeuchi & Shu，2013）、旁观者对受害者的排斥信仰（Mitchell，Volgel & Folger，2015）、受害者的行为反应（Herschovis & Bhatnagar，2017）以及文化情境因素等都可能影响职场负向行为旁观者职场负面行为的公平感知和公平反应。这些都有待后续的研究进行深入探讨。

除了改进上述的研究不足，未来的研究还可以考察以下两个问题。

一方面，工作场所不文明行为的概念和研究起步于西方，其本质是复杂的，最突出的特点在于低强度，但对行为强度的认知因人而异，个体对不文明行为的认知受到文化、组织情境等的影响（Milam，Spitzueller &

Penny，2009），在东西方文化背景下，工作场所不文明行为的内涵、诱发因素和影响后果可能也存在差异，在不同文化情境下，工作场所不文明行为的实施者、受害者以及旁观者对工作场所不文明行为的理解也可能存在不同，这可能造成东西方文化背景下旁观者对工作场所不文明行为认知和行为反应的差异，但相关的研究大多基于单一文化背景，唯一的跨文化研究是 Kim 和 Shapior（2008）针对受害者视角考察集体主义导向的韩国员工与个人主义导向美国员工在遭受不文明行为之后报复行为的差异。但尚未有研究基于实施者或受害者视角进行相关的考察，未来的研究可以更多地进行工作场所不文明行为的跨文化比较研究，或者基于同一文化背景，考察和对比本土员工与外籍员工在面对不文明行为或者作为旁观者对不文明行为反应的差异及可能的原因。

另一方面，当前基于旁观者视角的研究主要是基于道德的视角，考察旁观者对所观察到的工作场所不文明行为道德性的反应，如帮助受害者、惩罚实施者。最新的研究发现，职场阴暗面行为并不尽然只引发旁观者道德性的反应，还可能促使员工为避免遭遇类似的伤害而努力（Shao，Li & Mawritz，in press）。因此对于旁观者而言，观察到的工作场所不文明行为对旁观者可能是一把"双刃剑"，既存在积极的一面又存在消极的作用，这些都有待未来研究进行探讨。

附录

附录一　问卷设计访谈提纲

本次访谈的目的主要是想了解您在工作中与领导，同事的交往情况，请您谈谈在工作中遇到的与领导、同事之间人际交往的具体事例，以及您对此类事情的看法。如果您同意，我会在访谈的全程进行录音，但可以向您保证您的谈话内容将得到保密，您的名字及谈话中涉及的人名不会出现在访谈记录中。这次访谈会占用您约四十分钟，谢谢您的支持！

访谈问题：

（一）相关背景信息

1. 您所在企业的性质和规模？您是何时加入这家公司的？

2. 您的年龄，工作经历和学历？您在公司担任的职务？您所在的部门规模有多大？人员的构成情况如何？

（二）职场人际交往

1. 您在日常的工作中是否曾被领导，同事的不文明对待，如轻视你或以居高临下的方式对待你，很少关注你的发言和看法，对你做出贬损性的评价，在私下或公开场合以不恰当的方式称呼你，在职业圈子中忽视或排斥你，质疑你在我所负责事项上的判断，总想试图与你谈论你的私事。

2. 您在日常的工作中是否听说或者观察到（其他人之间）工作场所不文明行为？

3. 一般知道这样的事情之后，你会如何应对？会如何看待这件事情（认知）？你是否会受到这类事情的影响？（恐惧，担忧，萌生不公平感）？

4. 你是否认为这类事件是不公平的？即使与自己无直接的关联，也认为这违背了内心公平正义的准则？或者认为这些是由于组织制度或管理不完善？

5. 这些职场消极的人际交互经历占据了一些工作时间和经历（如果有可能，百分比，或者时间绝对数），您是否认为这些经历会抑制您在工作中更加努力积极的动力，影响您的工作表现？

最后，请您审核这份关于职场行为的研究问卷，有任何疑问或者您认为不妥当之处请告知。

附录二　员工调查问卷（子研究一：时间点1）

贵公司参与研究的各位同事：

　　非常感谢在百忙之中参与本次由中山大学组织的调查（研究号：T1S）。本次调查是一项学术研究，选项无对错之分，所有的研究结果都会以汇总报告的方式呈现。我们郑重承诺，您所填写的材料和您的个人信息会被严格保密，只由研究人员经手，不会透露给任何人，包括您的上司、同事和下属。请您仔细阅读每个问题，真实地表达您的感受，谢谢您的参与。

中山大学管理学院课题组

　　下面所谈到的工作小组，是指在_____领导下的工作小组。

　　第一部分：以下问题是对您在工作中的人际交往情况的评价。请您仔细阅读以下每个句子，不要漏答。根据您的真实感受和实际情况，选择最符合的选项。

请客观地判断您所观察到的工作场所其他人之间的人际交往情况，客观地评价如下描述的同意程度。	完全不同意	基本不同意	不确定	基本同意	完全同意
1. 轻视他人以居高临下的方式对待他人	1	2	3	4	5
2. 很少关注他人的发言和看法	1	2	3	4	5
3. 质疑他人在其所负责事项上的判断	1	2	3	4	5
4. 总想试图与他人谈论其私事	1	2	3	4	5
5. 对他人做出贬损性的评价	1	2	3	4	5
6. 在私下或公开场合以不恰当的方式称呼他人	1	2	3	4	5
7. 在职业圈子中忽视或排斥他人	1	2	3	4	5

　　第二部分：以下是您的个人基本信息，请您勾选出符合实际的选项

　　1. 您的性别：□男　□女

　　2. 您的婚姻状况：□已婚　□未婚

3. 您的年龄：□25岁及以下　□25~29岁　□30~39岁　□40岁及以上
4. 您的教育程度：□大专及以下　□本科　□硕士及以上

最后，请留下您手机号码的后四位：_____

问卷到此结束，感谢您的参与和合作！

附录三　员工调查问卷（子研究一：时间点2）

贵公司参与研究的各位同事：

　　非常感谢在百忙之中参与本次由中山大学组织的调查（研究号：T2S）。本次调查是一项学术研究，选项无对错之分，所有的研究结果都会以汇总报告的方式呈现。我们郑重承诺，您所填写的材料和您的个人信息会被严格保密，只由研究人员经手，不会透露给任何人，包括您的上司，同事和下属。请您仔细阅读每个问题，真实地表达您的感受，谢谢您的参与。

中山大学管理学院课题组

　　第一部分：以下问题是您对组织中公平和道德问题的评价。请您仔细阅读以下每个句子，不要漏答。根据您的真实感受和实际情况，选择最符合的选项。

请客观地判断您所观察到的工作场所其他人之间的人际交往情况，客观地评价如下描述的同意程度。	完全不同意	基本不同意	不确定	基本同意	完全同意
1. 他人遭受的不公平待遇令我伤心	1	2	3	4	5
2. 我会因为他人遭受不公平待遇而感到担心	1	2	3	4	5
3. 当看到他人遭受不公平待遇时，我会感到难过	1	2	3	4	5
4. 当看到他人没有被公平对待时，我会感到不安	1	2	3	4	5

　　第二部分：以下问题是您对组织中程序公平问题的评价。请您仔细阅读以下每个句子，不要漏答。根据您的真实感受和实际情况，选择最符合的选项。

请客观地判断您所观察到的工作场所其他人之间的人际交往情况，准确地评价如下描述的同意程度。	完全不同意	基本不同意	不确定	基本同意	完全同意
5. 公司的规章制度在所有员工面前平等实施	1	2	3	4	5
6. 高级别员工可以轻松违反许多规章制度	1	2	3	4	5

续表

请客观地判断您所观察到的工作场所其他人之间的人际交往情况,准确地评价如下描述的同意程度。	完全不同意	基本不同意	不确定	基本同意	完全同意
7. 我的主管很少努力对每位员工严格实施规章制度	1	2	3	4	5
8. 我的主管在实施规章制度时有许多例外情况	1	2	3	4	5
9. 任何人都必须遵守规章制度,即使与主管关系密切	1	2	3	4	5
10. 没有人(包括主管)可以逃避遵守规章制度	1	2	3	4	5

最后,请留下您手机号码的后四位:_____

问卷到此结束,感谢您的参与和合作!

附录四 主管调查问卷（子研究一：时间点2）

贵公司参与研究的各位同事：

非常感谢在百忙之中参与本次由中山大学组织的调查（研究号：T2L）。本次调查是一项学术研究，选项无对错之分，所有的研究结果都会以汇总报告的方式呈现。我们郑重承诺，您所填写的材料和您的个人信息会被严格保密，只由研究人员经手，不会透露给任何人，包括您的上司、同事和下属。请您仔细阅读每个问题，真实地表达您的感受，谢谢您的参与。

中山大学管理学院课题组

第一部分：以下问题是对<u>您目前所在工作小组成员表现的评价</u>。请您仔细阅读以下每个句子，不要漏答。评价时，请根据您的下属的真实工作表现进行填制。

1 = 完全不同意，2 = 基本不同意，3 = 不确定，4 = 基本同意，5 = 完全同意

请您评价您的下属在创造力方面的表现。 (1 = 完全不同意，2 = 基本不同意，3 = 不确定， 4 = 基本同意，5 = 完全同意) 他/她：	完全 不同意	基本 不同意	不确定	基本 同意	完全 同意
1. 率先尝试一些新的想法或方法	1	2	3	4	5
2. 寻求解决问题的新想法和新方法	1	2	3	4	5
3. 在相关领域内产生突破性想法	1	2	3	4	5
4. 是创造力好的角色模范	1	2	3	4	5
请您评价您的下属在工作中的绩效表现，请您根据实际情况和真实感受选择最符合的选项。 他/她：	完全 不同意	基本 不同意	不确定	基本 同意	完全 同意
5. 充分地完成规定的任务	1	2	3	4	5
6. 履行工作描述中规定的职责	1	2	3	4	5
7. 完成被期望的工作	1	2	3	4	5
8. 满足工作的正式绩效要求	1	2	3	4	5
9. 参与到直接与他/她的绩效评价相关的活动中	1	2	3	4	5

第二部分：以下是您的个人的基本信息，请您勾选出符合实际的选项

1. 您的性别：□男　□女
2. 您的婚姻状况：□已婚　□未婚
3. 您的年龄：□25 岁及以下　□25~29 岁　□30~39 岁　□40 岁及以上
4. 您的教育程度：□大专及以下　□本科　□硕士及以上

最后，请留下您所评价的员工手机号码后四位：_____

问卷到此结束，感谢您的参与和合作！

附录五　员工调查问卷（子研究二：时间点1）

贵公司参与研究的各位同事：

非常感谢在百忙之中参与本次由中山大学组织的调查（研究号：T1S）。本次调查是一项学术研究，选项无对错之分，所有的研究结果都会以汇总报告的方式呈现。我们郑重承诺，您所填写的材料和您的个人信息会被严格保密，只由研究人员经手，不会透露给任何人，包括您的上司、同事和下属。请您仔细阅读每个问题，真实地表达您的感受，谢谢您的参与。

中山大学管理学院课题组

下面所谈到的工作小组，是指在_____领导下的工作小组。

第一部分：以下问题是对<u>您在工作中的人际交往情况</u>的评价。请您仔细阅读以下每个句子，不要漏答。根据您的真实感受和实际情况，选择最符合的选项。

请客观地判断您所观察到的<u>工作场所其他人之间的人际交往情况</u>，客观地评价如下描述的同意程度。	完全不同意	基本不同意	不确定	基本同意	完全同意
1. 轻视他人以居高临下的方式对待他人	1	2	3	4	5
2. 很少关注他人的发言和看法	1	2	3	4	5
3. 质疑他人在其所负责事项上的判断	1	2	3	4	5
4. 总想试图与他人谈论其私事	1	2	3	4	5
5. 对他人做出贬损性的评价	1	2	3	4	5
6. 在私下或公开场合以不恰当的方式称呼他人	1	2	3	4	5
7. 在职业圈子中忽视或排斥他人	1	2	3	4	5

第二部分：以下是您的个人的基本信息，请您勾选出符合实际的选项

1. 您的性别：□男　□女
2. 您的婚姻状况：□已婚　□未婚

3. 您的年龄：□25 岁及以下　□25~29 岁　□30~39 岁　□40 岁及以上

4. 您的教育程度：□大专及以下□本科□硕士及以上

最后，请留下您手机号码的后四位：_____

问卷到此结束，感谢您的参与和合作！

附录六 员工调查问卷(子研究二:时间点2)

贵公司参与研究的各位同事:

非常感谢在百忙之中参与本次由中山大学组织的调查(研究号:T2S)。本次调查是一项学术研究,选项无对错之分,所有的研究结果都会以汇总报告的方式呈现。我们郑重承诺,您所填写的材料和您的个人信息会被严格保密,只由研究人员经手,不会透露给任何人,包括您的上司、同事和下属。请您仔细阅读每个问题,真实地表达您的感受,谢谢您的参与。

中山大学管理学院课题组

第一部分:以下问题是您对组织中公平和道德问题的评价。请您仔细阅读以下每个句子,不要漏答。根据您的真实感受和实际情况,选择最符合的选项。

请客观地判断您所观察到的工作场所其他人之间的人际交往情况,客观地评价出现如下行为的频率。	完全不同意	基本不同意	不确定	基本同意	完全同意
1. 他人遭受的不公平待遇令我伤心	1	2	3	4	5
2. 我会因为他人遭受不公平待遇而感到担心	1	2	3	4	5
3. 当看到他人遭受不公平待遇时,我会感到难过	1	2	3	4	5
4. 当看到他人没有被公平对待时,我会感到不安	1	2	3	4	5

第二部分:以下问题是您对组织中情绪的评价。请您仔细阅读以下每个句子,不要漏答。根据您的真实感受和实际情况,选择最符合的选项。

请如实地判断您在工作中的情绪状况,客观地评价对如下描述的同意程度	完全不同意	基本不同意	不确定	基本同意	完全同意
5. 我在工作中感到痛苦	1	2	3	4	5
6. 我的工作令我感到忧愁	1	2	3	4	5

续表

请如实地判断您在工作中的情绪状况,客观地评价对如下描述的同意程度	完全不同意	基本不同意	不确定	基本同意	完全同意
7. 我的工作令我不高兴	1	2	3	4	5
8. 我的工作让我感到不满意	1	2	3	4	5

最后,请留下您手机号码的后四位:_____

问卷到此结束,感谢您的参与和合作!

附录七 主管调查问卷（子研究二：时间点2）

贵公司参与研究的各位同事：

非常感谢在百忙之中参与本次由中山大学组织的调查（研究号：T2L）。本次调查是一项学术研究，选项无对错之分，所有的研究结果都会以汇总报告的方式呈现。我们郑重承诺，您所填写的材料和您的个人信息会被严格保密，只由研究人员经手，不会透露给任何人，包括您的上司，同事和下属。请您仔细阅读每个问题，真实地表达您的感受，谢谢您的参与。

中山大学管理学院课题组

第一部分：以下问题是对<u>您目前所在工作小组成员表现的评价</u>。请您仔细阅读以下每个句子，不要漏答。评价时，请根据您的下属的真实工作表现进行填制。

1 = 完全不同意，2 = 基本不同意，3 = 不确定，4 = 基本同意，5 = 完全同意

请您评价您的下属在创造力方面的表现。 （1 = 完全不同意，2 = 基本不同意，3 = 不确定，4 = 基本同意，5 = 完全同意） 他/她：	完全不同意	基本不同意	不确定	基本同意	完全同意
1. 率先尝试一些新的想法或方法	1	2	3	4	5
2. 寻求解决问题的新想法和新方法	1	2	3	4	5
3. 在相关领域内产生突破性想法	1	2	3	4	5
4. 是创造力好的角色模范	1	2	3	4	5
请您评价您的下属在工作中的绩效表现，请您根据实际情况和真实感受选择最符合的选项。 他/她：	完全不同意	基本不同意	不确定	基本同意	完全同意
5. 充分地完成规定的任务	1	2	3	4	5
6. 履行工作描述中规定的职责	1	2	3	4	5
7. 完成被期望的工作	1	2	3	4	5
8. 满足工作的正式绩效要求	1	2	3	4	5
9. 参与到直接与他/她的绩效评价相关的活动中	1	2	3	4	5

第二部分：以下是您的个人的基本信息，请您勾选出符合实际的选项

1. 您的性别：□男　□女
2. 您的婚姻状况：□已婚　□未婚
3. 您的年龄：□25岁及以下　□25~29岁　□30~39岁　□40岁及以上
4. 您的教育程度：□大专及以下□本科□硕士及以上

最后，请留下您所评价的员工手机号码后四位：_____

问卷到此结束，感谢您的参与和合作！

附录八 员工调查问卷（子研究三：时间点1）

贵公司参与研究的各位同事：

非常感谢在百忙之中参与本次由中山大学组织的调查（研究号：T1S）。本次调查是一项学术研究，选项无对错之分，所有的研究结果都会以汇总报告的方式呈现。我们郑重承诺，您所填写的材料和您的个人信息会被严格保密，只由研究人员经手，不会透露给任何人，包括您的上司、同事和下属。请您仔细阅读每个问题，真实地表达您的感受，谢谢您的参与。

中山大学管理学院课题组

下面所谈到的工作小组，是指在_____领导下的工作小组。

第一部分：以下问题是对您在工作中的人际交往情况的评价。请您仔细阅读以下每个句子，不要漏答。根据您的真实感受和实际情况，选择最符合的选项。

请客观地判断您所观察到的工作场所其他人之间的人际交往情况，客观地评价如下描述的同意程度。	完全不同意	基本不同意	不确定	基本同意	完全同意
1. 轻视他人以居高临下的方式对待他人	1	2	3	4	5
2. 很少关注他人的发言和看法	1	2	3	4	5
3. 质疑他人在其所负责事项上的判断	1	2	3	4	5
4. 总想试图与他人谈论其私事	1	2	3	4	5
5. 对他人做出贬损性的评价	1	2	3	4	5
6. 在私下或公开场合以不恰当的方式称呼他人	1	2	3	4	5
7. 在职业圈子中忽视或排斥他人	1	2	3	4	5

第二部分：以下是您的个人的基本信息，请您勾选出符合实际的选项

1. 您的性别：□男 □女

2. 您的婚姻状况：□已婚　□未婚
3. 您的年龄：□25岁及以下　□25~29岁　□30~39岁　□40岁及以上
4. 您的教育程度：□大专及以下　□本科　□硕士及以上

最后，请留下您手机号码的后四位：_____

问卷到此结束，感谢您的参与和合作！

附录九　员工调查问卷（子研究三：时间点2）

贵公司参与研究的各位同事：

　　非常感谢在百忙之中参与本次由中山大学组织的调查（研究号：T1S）。本次调查是一项学术研究，选项无对错之分，所有的研究结果都会以汇总报告的方式呈现。我们郑重承诺，您所填写的材料和您的个人信息会被严格保密，只由研究人员经手，不会透露给任何人，包括您的上司，同事和下属。请您仔细阅读每个问题，真实地表达您的感受，谢谢您的参与。

中山大学管理学院课题组

　　第一部分：以下问题是您对组织中公平和道德问题的评价。请您仔细阅读以下每个句子，不要漏答。根据您的真实感受和实际情况，选择最符合的选项。

请客观地判断您所观察到的工作场所其他人之间的人际交往情况，准确地评估对如下描述的同意程度	完全不同意	基本不同意	不确定	基本同意	完全同意
1. 他人遭受的不公平待遇令我伤心	1	2	3	4	5
2. 我会因为他人遭受不公平待遇而感到担心	1	2	3	4	5
3. 当看到他人遭受不公平待遇时，我会感到难过	1	2	3	4	5
4. 当看到他人没有被公平对待时，我会感到不安	1	2	3	4	5

　　第二部分：以下问题是您对组织中情绪的评价。请您仔细阅读以下每个句子，不要漏答。根据您的真实感受和实际情况，选择最符合的选项。

请如实地判断您在工作中的对公正的内在信念，准确地评估对如下描述的同意程度	完全不同意	基本不同意	不确定	基本同意	完全同意
5. 如果某人在职场被不公平地对待，那么他会以其他方式被补偿	1	2	3	4	5
6. 如果工作场所中存在不公正，都会在其他某个时间被补偿	1	2	3	4	5

续表

请如实地判断您在工作中的对公正的内在信念，准确地评估对如下描述的同意程度	完全不同意	基本不同意	不确定	基本同意	完全同意
7. 那些在职场中不成功的人是因为他们不值得变更好	1	2	3	4	5
8. 如果你是一个好人，你一定会在工作中表现良好	1	2	3	4	5
9. 我相信发生在我生活中的大多数事情都是公正的	1	2	3	4	5
10. 我觉得其他人做出的关于别人的重要决定通常都是公正的	1	2	3	4	5

最后，请留下您手机号码的后四位：_____

问卷到此结束，感谢您的参与和合作！

附录十 主管调查问卷（子研究三：时间点2）

贵公司参与研究的各位同事：

非常感谢在百忙之中参与本次由中山大学组织的调查（研究号：T2L）。本次调查是一项学术研究，选项无对错之分，所有的研究结果都会以汇总报告的方式呈现。我们郑重承诺，您所填写的材料和您的个人信息会被严格保密，只由研究人员经手，不会透露给任何人，包括您的上司，同事和下属。请您仔细阅读每个问题，真实地表达您的感受，谢谢您的参与。

中山大学管理学院课题组

第一部分：以下问题是对您目前所在工作小组成员表现的评价。请您仔细阅读以下每个句子，不要漏答。评价时，请根据您的下属的真实工作表现进行填制。

1 = 完全不同意，2 = 基本不同意，3 = 不确定，4 = 基本同意，5 = 完全同意

请您评价您的下属在创造力方面的表现。 (1 = 完全不同意，2 = 基本不同意，3 = 不确定，4 = 基本同意，5 = 完全同意) 他/她：	完全不同意	基本不同意	不确定	基本同意	完全同意
1. 率先尝试一些新的想法或方法	1	2	3	4	5
2. 寻求解决问题的新想法和新方法	1	2	3	4	5
3. 在相关领域内产生突破性想法	1	2	3	4	5
4. 是创造力好的角色模范	1	2	3	4	5
请您评价您的下属在工作中的绩效表现，请您根据实际情况和真实感受选择最符合的选项。 他/她：	完全不同意	基本不同意	不确定	基本同意	完全同意
5. 充分地完成规定的任务	1	2	3	4	5
6. 履行工作描述中规定的职责	1	2	3	4	5
7. 完成被期望的工作	1	2	3	4	5
8. 满足工作的正式绩效要求	1	2	3	4	5
9. 参与到直接与他/她的绩效评价相关的活动中	1	2	3	4	5

第二部分：以下是您的个人的基本信息，请您勾选出符合实际的选项

1. 您的性别：□男　□女
2. 您的婚姻状况：□已婚　□未婚
3. 您的年龄：□25岁及以下　□25~29岁　□30~39岁　□40岁及以上
4. 您的教育程度：□大专及以下　□本科　□硕士及以上

最后，请留下您所评价的员工手机号码后四位：_____

问卷到此结束，感谢您的参与和合作！

参考文献

[1] Adams, J. S. Inequity in social exchange [A]. In L. Berkowitz (Ed.), Advances in experimental social psychology [M]. New York: Academic Press, 1965: 267 – 299.

[2] Alt, D., & Itzkovich, Y. Assessing the connection between students' justice experience and perceptions of faculty incivility in higher education [J]. Journal of Academic Ethics, 2015, 13 (2): 121 – 134.

[3] Amabile, T. M. A model of creativity and innovation in organizations [J]. Research in Organizational Behavior, 1988, 10: 123 – 167.

[4] Amabile, T. M., & Pratt, M. G. The dynamic componential model of creativity and innovations: Making progress, making meaning [J]. Research in Organizational Behavior, 2016, 36: 157 – 183.

[5] Anderson, N., Poto nik, K., & Zhou, J. Innovation and creativity in organizations: A state-of-the-science review, prospective commentary, and guiding framework [J]. Journal of Management, 2014, 40 (5): 1297 – 1333.

[6] Andersson, L. M., Pearson, C. M. Tit for tat? The spiraling effect of incivility in the workplace [J]. Academy of Management Review, 1999, 24 (3): 452 – 471.

[7] Ashforth, B. E. Petty tyranny in organizations [J]. Human Relations, 1994, 47 (7): 755 – 778.

[8] Ashkanasy, N. M., Humphrey, R. H. Current emotion research in organizational behavior [J]. Emotion Review, 2011, 3 (2): 214 – 224.

[9] Bandura, A., Barbaranelli, C., Caprara, G. V., & Pastorelli, C. Mechanisms of moral disengagement in the exercise of moral agency [J]. Journal of Personality and Social Psychology, 1996, 71 (2): 364 – 374.

[10] Banks, G. C., McCauley, K. D., Gardner, W. L., Guler, C. E. A meta-analytic review of authentic and transformational leadership: A test for redundancy [J]. Leadership Quarterly, 2016, 27 (4): 634-652.

[11] Baron, R. A., & Neuman, J. H. Workplace violence and workplace aggression: Evidence of their relative frequency and potential causes [J]. Aggressive Behavior, 1996, 22 (3): 161-173.

[12] Beehr, T. A., Jex, S. M., Stacy, B. A., & Murray, M. A. Work stressors and coworker support as predictors of individual strain and job performance [J]. Journal of Organizational Behavior, 2000, 21 (4): 391-405.

[13] Bègue, L., & Bastounis, M. Two spheres of belief in justice: Extensive support for the bidimensional model of belief in a just world [J]. Journal of Personality, 2003, 71 (3): 435-463.

[14] Bennet, R. J., & Robinson, S. L. Development of a measure of workplace deviance [J]. Journal of Applied Psychology, 2000, 85 (3): 349-360.

[15] Bernardin, H. J., Beatty, R. W. Performance appraisal: Assessing human behavior at work [M]. Kent Publish Company, 1984.

[16] Bernerth, J., & Walker, H. J. Reexamining the workplace justice to outcome relationship: Does frame of reference matter? [J]. Journal of Management Studies, 2012, 49 (5): 945-969.

[17] Beugré, C. D. Resistance to socialization into organizational corruption: A model of deontic justice [J]. Journal of Business Psychology, 2010, 25 (3): 533-541.

[18] Beugré, C. D. Development and validation of a deontic justice scale [J]. Journal of Applied Social Psychology, 2012, 42 (9): 2163-2190.

[19] Bhutoria, K., & Hooja, H. Role of positive affect and negative affect in orientation to happiness: A study on working population [J]. Indian Journal of Health and Well-being, 2018, 9 (1): 76-82.

[20] Bies, R. J., & Moag, J. F. Interactional justice: Communication criteria of fairness [A]. Research on negotiation in organizations, Lewicki,

R. J., Sheppard, B. H., & Bazerman, B. H. (Eds) [M]. Greenwich CT: JAI press, 1986: 43-55.

[21] Bies, R. J., & Tripp, T. M. A passion for justice: The rationality and morality of revenge [A]. In R. Cropanzano (Ed.), Series in applied psychology. Justice in the work place: From theory to practice [M]. Mahwah, NJ: Erlbaum. 2001: 197-208.

[22] Birkeland, I. K., & Nerstad, C. Incivility is (not) the very essence of love: Passion for work and incivility instigation [J]. Journal of Occupational Health Psychology, 2016, 21 (1): 77-90.

[23] Blau, G., Andersson, L, M. Testing a measure of instigated workplace incivility [J]. Journal of Occupational Health Psychology, 2005, 78 (4): 595-614.

[24] Bledow, R., Rosing, K., & Frese, M. A dynamic perspective on affect and creativity [J]. Academy of Management Journal. 2013, 56 (2): 432-450.

[25] Bobocel, D. R., & Gosse, L. Procedural justice: A histrical review and critical analysis [A]. In Cropanzano, R. S., & Ambrose, M. L. (Eds). The Oxford Handbook of Justice in the Workplace [M]. Oxford University Press, 2015: 51-88.

[26] Bouckennoghe, D., Zafar, A., & Raja, U. How ethical leadership shapes employees' job performance: The mediating roles of goal congruence and psychological capital [J]. Journal of Business Ethics, 2015, 129 (2): 251-264.

[27] Brislin, R. W. Translation and content analysis of oral and written material [A]. In H. C. Triandis and J. W. Berry (Eds.), Handbook of cross-cultural Psychology [M]. McGraw-Hill, New York, 1980: 389-444.

[28] Brockner, J. De Cremer, D., van den Bos, K., Chen. Y. The influence of interdependent self-construal on procedural fairness effects [J]. Organizational Behavior and Human Decision Processes, 2005, 96 (2): 155-167.

[29] Bunk, J. A., Magley, V. J. The role of appraisals and emotions in understanding experiences of workplace incivility [J]. Journal of Occupational

Health Psychology, 2013, 18 (1): 87-105.

[30] Byron, K., Khazanchi, S., & Nazarian, D. The relationship between stressors and creativity: A meta-analysis examining competing theoretical models [J]. Journal of Applied Psychology, 2010, 95 (1): 201-212.

[31] Campbell, J. P., McCloy, R. A., Oppler, S. H., et al. A theory of performance [A]. In N. Schmitt & W. C. Borman (Eds.) [M]. Personnel selection in organizations, San Francisco: Jossey-Bass, 1993.

[32] Campbell, J. P. Modeling the performance prediction problem in industrial and organizational psychology [A]. In M. D. Dunnette & L. M. Hough (Eds.), Handbook of industrial and organizational psychology (2nd ed) [M]., Palo Alto, CA: Consulting Psychologists Press. 1990: 687-732.

[33] Caputi, P. Factor structure of the just world scale among Australian undergraduates [J]. Journal of Social Psychology, 2000, 134 (4): 475-482.

[34] Caza, A., McCarter, M. W., & Northcraft, G. B. Performance benefits of reward choice: a procedural justice perspective [J]. Human Resource Management Journal, 2015, 25 (2): 184-199.

[35] Caza, B. B., & Cortina, L. M. From insult to injury: Explaining the impact of incivility [J]. Basic and Applied Social Psychology, 2007, 29 (4): 335-350.

[36] Chen, C-H. V., Yuan, M-L., Cheng, J-W., & Seifert, R. Linking transformational leadership and core elf-evaluation to job performance: The mediating role of felt accountability [J]. The North American Journal of Economics and Finance, 2016, 35: 234-246.

[37] Chen, Y. Y., Ferris, D. L., Kwan, H. K., Yan, M., Zhou, M. J., & Hong, Y. Self-love's lost labor: A self-enhancement model of workplace incivility [J]. Academy of Management Journal, 2013, 56 (4): 1199-1219.

[38] Chen, Z., Takeuchi, R., & Shum, C. A Social information processing perspective of coworker influence on a focal employee [J]. Organization Science, 2013, 24 (6): 1618-1939.

[39] Chien, M. S., Lawler, J. S., & Uen, J-F. Performance-based pay, procedural justice and job performance for R & D professionals: Evidence

from the Taiwanese high-tech sector [J]. The international Journal of Human Resource Management, 2010, 21 (12): 2234 – 2248.

[40] Cohen-Charash, Y., & Spector, P. E. The role of justice in organizations: A meta-analysis [J]. Organizational Behavior and Human Decision Processes, 2001, 86 (2): 278 – 321.

[41] Colquitt, J. A., Scott, B. A., Rodell, J. B., Long, D. M., Zapata, C. P., Conlon, D. E., Wesson, M. J. Justice at the millennium, a decade later: A meta-analytic test of social exchange and affect-based perspectives [J]. Journal of Applied Psychology, 2013, 98 (2): 199 – 236.

[42] Colquitt, J. A., Zipay, K. P. Justice, fairness, and employee reactions [J]. Annual Review of Organization Psychology and Organizational Behavior, 2015, 2: 75 – 99.

[43] Cortina, L. M. Unseen Injustice: Incivility as modern discrimination in organizations [J]. Academy of Management Review, 2008, 33 (1): 55 – 75.

[44] Cortina, L, M., Magely, V, J., Williams, J, H., Langhout, R, D. Incivility in the workplace: Incidence and impact [J]. Journal of Occupational Health Psychology, 2001, 6 (1): 64 – 81.

[45] Cortina, L. M., Kabat-Farr, D., Leskinen, E. A., Huerta, M., & Magley, V. J. Selective incivility as modern discrimination in organizations evidence and impact [J]. Journal of Management, 2013, 39 (6): 1579 – 1605.

[46] Cortina, L. M., Kabat-Farr, D., Magley, V. J., & Nelson, K. Researching rudeness: The past, present, and future of the science of incivility [J]. Journal of Occupational Health Psychology, 2017, 22 (3): 299 – 313.

[47] Cropanzano, R. S., Massaro, S., & Becker, W. J. Deontic justice and organizational neuroscience [J]. Journal of Business Ethics, 2017, 144 (4): 733 – 754.

[48] Cropanzano, R., Goldman, B. M., & Folger, R. Deontic justice: The role of moral principles in workplace fairness [J]. Journal of Organizational Behavior, 2003, 24 (8): 1019 – 1024.

[49] Dalbert, C. The world is more just for me than generally: About the

personal belief in a justice world [J]. Social Justice Research, 1999, 12 (2): 78 - 98.

[50] Darley, J. M. , & Pittman, T. S. The psychology of compensatory and retributive justice [J]. Personality and Social Psychology Review, 2003, 7 (4): 324 - 336.

[51] Duncker, K. , & Lees, L. S. On problem-solving [J]. Psychological Monographs, 1945, 58 (5): 1 - 113.

[52] Einarsen, S. , Skogstad, A. Bullying at work: Epidemiological findings in public and private organizations [J]. European work and Organizational Psychologist, 1996, 5 (2): 185 - 201.

[53] Farmer, S. M. , Tierney, P. , & Kung-McIntyre, K. Employee creativity in Taiwan: An application of role identity theory [J]. Academy of Management Journal, 2003, 46 (5): 618 - 630.

[54] Ferguson, M. You cannot leave it at the office: Spillover and crossover of coworker incivility [J]. Journal of Organizational Behavior, 2012, 33 (4): 571 - 588.

[55] Ferguson, M. , Barry, B. I know what you did: The effect of interpersonal deviance on bystanders [J]. Journal of Occupational Health Psychology, 2011, 16 (1): 80 - 94.

[56] Ferris, D. , Brown, D. J. , Berry, J. W. , Pang, F. X. J. , & Keeping, L. M. The development and validation of the workplace ostracism scale [J]. Journal of Applied Psychology, 2008, 93 (6): 1348 - 1366.

[57] Figley, C. R. Compassion fatigue: Coping with secondary traumatic stress disorder in those who treat the traumatized [M]. London: Brunner-Routledge, 1995.

[58] Folger, R. Fairness as a moral virtue [A]. In M. Schminke (Ed.), Managerial ethics: Morally managing people and processes [M]. Mahwah, NJ: Erlbaum, 1988: 13 - 34.

[59] Folger, R. Fairness as deonance [A]. In S. W. Gilliland, D. D. Steiner, & D. P. Skarlicki (Eds.), Teoretical and cultural perspectives on organizational justice [M]. Greenwich, CT: Information Age, 2001: 3 - 34.

[60] Fox, S., Spector, P. E., & Miles, D. Counterproductive work behavior (CWB) in response to job stressors and organizational justice: Some mediator and moderator tests for autonomy and emotions [J]. Journal of Vocational Behavior, 2001, 59 (3): 291-309.

[61] Frieder, R. E., Wang, G., & Oh, I-S. Linking job-relevant personality traits, transformational leadership, and job performance via perceived meaningfulness at work: A moderated mediation model [J]. Journal of Applied Psychology, 2018, 103 (3): 324-333.

[62] Gallus, J. A., Bunk, J. A., Matthews, R. A., Barnes-Farrell, J. L., Magley, V. J. An eye for an eye? Exploring the relationship between workplace incivility experiences and perpetration [J]. Journal of Occupational Health Psychology, 2014, 19 (2): 143-154.

[63] Gentry, J. E., Baranowsky, A. B., Dunning, K. The Accelerated Recovery Program (ARP) for compassion fatigue [A]. In C. R. Figley (Ed.), Treating compassion fatigue [M]. New York: Brunner-Routledge, 2002: 123-138.

[64] George, J. M. Creativity in organizations [J]. Academy of Management Annals, 2007, 1 (1): 439-477.

[65] George, J. M., & Zhou, J. When openness to experience and conscientiousness are related to creative behavior: An interactional approach [J]. Journal of Applied Psychology, 2001, 86 (3): 513-524.

[66] Ghosh, R., Reio, T. G., & Bang, H. Reducing turnover intent: Supervisor and co-worker incivility and socialization-related learning [J]. Human Resource Development International, 2013, 16 (2): 169-185.

[67] Gilliland, S. W. Effects of procedural and distributive justice on reactions to a selection system [J]. Journal of Applied Psychology, 1994, 79 (5): 691-701.

[68] Gino, F., & Ariely, D. The dark side of creativity: Original thinkers can be more dishonest [J]. Journal of Personality and Social Psychology, 2012, 102 (3): 445-459.

[69] Giumetti, G. W., Hatfield, A. L., Scisco, J. L., Schroeder,

A. N. , Muth, E. R. , & Kowalshi, R. M. What a rude E-mail! Examining the differential effects of incivility versus support on mood, energy, engagement, and performance in an online context [J]. Journal of Occupational Health Psychology, 2013, 18 (3): 297 – 309.

[70] Gong, Y. , Cheung, S. Y. , Wang, M. and Huang, J. C. Unfolding the proactive process for creativity integration of the employee proactivity, information exchange, and psychological safety perspectives [J]. Journal of Management, 2012, 38 (5): 1611 – 1633.

[71] Gong, Y. , Huang, J. C. , & Farh, J. L. Employee learning orientation, transformational leadership, and employee creativity: The mediating role of employee creative self-efficacy [J]. Academy of Management Journal, 2009, 52 (4): 765 – 778.

[72] Grant, A, M. , & Berry, J. W. The necessity of others is the mother of invention: Intrinsic and prosocial motivations, perspective taking, and creativity [J]. Academy of Management Journal, 2011, 54 (1): 73 – 95.

[73] Greenberg, J. , & Folger, R. Procedural justice, participation and the fair process effect in groups and organizations [A]. In P. B. Paulus (Ed.), Basic group processes [M]. New York, NY: Springer-Verlag, 2008: 235 – 256.

[74] Griffin, B. Multilevel relationships between organizational-level incivility, justice and intension to stay [J]. Work & Stress, 2010, 24 (4): 309 – 323.

[75] Güth, W. , Schmittberger, R. , & Schwarze, B. An experimental analysis of ultimatum bargaining [J]. Journal of Economic Behavior and Organization, 1982, 3 (4): 367 – 388.

[76] Harold, C. M. , Holtz, B. The effects of passive leadership on workplace incivility [J]. Journal of Organizational Behavior, 2015, 36 (1): 16 – 38.

[77] Harper, D. J. , Wagstaff, G. F. , Newton, J. T. , Harrison, K. R. Lay causal perceptions of third world poverty and the just world theory [J]. Social Behavior and Personality, 1990, 18 (2): 235 – 238.

[78] Hauenstein, N. M. A., McGonigle, T., Flinder, S. W. A meta-analysis of the relationship between procedural justice and distributive justice, implications for justice research [J]. Employee Responsibilities and Rights Journal, 2001, 13 (1): 39 – 65.

[79] Hayes, A. F. Introduction to mediation, moderation, and conditional process analysis: A regression-based approach [M]. New York, NY: Guilford Press, 2013: 106 – 107.

[80] Hershcovis, M. S., & Bhatagar, N. When fellow customers behave badly: Witness reactions to employee mistreatment by customers [J]. Journal of Applied Psychology, 2017, 102 (11): 1528 – 1544.

[81] Hofstede, G. Motivation, leadership, and organization: Do American theories apply abroad? [J]. Organizational Dynamics, 1980, 9 (1), 42 – 63.

[82] Hoobler, J. M., & Hu, J. A model of injustice, abusive supervision, and negative affect [J]. Leadership Quarterly, 2013, 24 (1): 256 – 269.

[83] Hu, J., & Judge, T. A. Leader-team complementarity: Exploring the interactive effects of leader personality traits and team power distance value on team process and performance [J]. Journal of Applied Psychology, 2017, 102 (6): 935 – 955.

[84] Hur, W-M., Moon, T., Jun, J-K. The effect of workplace incivility on service employee creativity: the mediating role of emotional exhaustion and intrinsic motivation [J]. Journal of Service marketing, 2016, 30 (3): 302 – 315.

[85] Izard, C. E. Human emotions [M]. New York: Plenum Press, 1977.

[86] Jiang, W., & Gu, Q. How abusive supervision and abusive supervisory climate influence salesperson creativity and sales team effectiveness in China [J]. Management Decision, 2016, 54 (2): 455 – 475.

[87] Johansson, L-O., & Svedsäter, H. Piece of cake? Allocating rewards to third parties when fairness is costly [J]. Organizational Behavior and Human Decision Processes, 2009, 109 (2): 107 – 119.

[88] Joo, B. K. B., McLean, G. N. and Yang, B. Creativity and human resource development an integrative literature review and a conceptual framework for future research [J]. Human Resource Development Review, 2013, 12 (4): 390 – 421.

[89] Kabat-Farr, D., Walsh, B. M., & McGonagle, A. K. Uncivil supervisors and perceived work ability: The joint moderating roles of job involvement and grit [J]. Journal of Business Ethics, 2019, 156 (4): 971 – 985.

[90] Kahneman, D., Knetsch, J. L., & Thaler, R. H. Fairness and the assumptions of economics [J]. Journal of Business, 1986, 59 (4): S285 – S300.

[91] Katz, D. The motivational basisi of organizational behavior [J]. System Research and Behavioral Science, 1964, 9 (2): 131 – 146.

[92] Kern, J, H., & Grandey, A, A. Customer incivility as a social stressor: The role of race and racial identity for service employees [J]. Journal of Occupational Health Psychology, 2009, 14 (1): 46 – 57.

[93] Kim, T. Y. Shapior, D. L. Retaliation against supervisory mistreatment: Negative emotion, group membership, and cross-cultural difference [J]. International Journal of Conflict Management, 2008, 19 (4): 339 – 385.

[94] Kollock, P. Social dilemmas: The anatomy of cooperation [J]. Annual Review of Sociology, 1998, 24: 183 – 214.

[95] Korsgaard, M. A., & Roberson, L. Procedural justice in performance evaluation: The role of instrumental and non-instrumental voice in performance appraisal discussions [J]. Journal of Management, 1995, 21 (4): 657 – 669.

[96] Lazarus, R. S., & Folkman, S. Stress, appraisal, and coping [M]. New York: Springer, 1984.

[97] Lerner, M. J., Miller, D. T. Just world research and the attribution process: looking back and ahead [J]. Psychological Bulletin, 1978, 85 (5): 1030 – 1051.

[98] Lev, B. Sharpening the intangible edge [J]. Harvard Business Re-

view, 2004, 82 (6): 109 – 116.

[99] Leventhal, G. S. What should be done with equity theory? New approaches to the study of fairness in social relationships [A]. In K. Gergen, M. Greenberg, and R. Willis (Eds.), Social exchange: Advances in theory and research [M]. New York, NY: Plenum Press, 1980: 27 – 55.

[100] Li, Z., Luo, W., & Zhan, X. An Identification-based Model of Workplace Incivility and Employee Creativity: Evidence from China [C]. The 8th International Academic Conference of Management Research, Wuhan, China, June, 2018.

[101] Liao, H., Liu, D., Loi, R. Looking at both sides of the social exchange coin: A social cognitive perspective on the joint effects of relationship quality and differentiation on creativity [J]. Academy of Managment Journal, 2010, 53 (5): 1090 – 1109.

[102] Lim, S., Cortina, L. M., Magley, V. J. Personal and workgroup incivility: impact on work and health outcome [J]. Journal of Applied Psychology, 2008, 93 (1): 95 – 107.

[103] Lim, S., Lee, A. Work and nonwork outcomes of workplace incivility: Does family support help? [J]. Journal of Occupational Health Psychology, 2011, 16 (1): 95 – 111.

[104] Lim, S., & Cortina, L. M. Interpersonal mistreatment in the workplace: The interface and impact of general incivility and sexual harassment [J]. Journal of Applied Psychology, 2005, 90 (3): 483 – 496.

[105] Lim, V. K., & Teo, T. S. Mind your e-manners: Impact of cyber incivility on employees'work work attitude and behavior [J]. Information & Management, 2009, 46 (8): 419 – 425.

[106] Lin, W., Ma, J., Wang. L., & Wang, M. A double-edged sword: The moderating role of conscientiousness in the relationships between work stressors, psychological strains, and job performance [J]. Journal of Organizational Behavior, 2015, 36 (1): 94 – 111.

[107] Lind, E. A. Fairness heuristic theory: Justice judgements as pivotal cognitions in organizational relations [A]. In J. Greenberg & R. Cropanzano

(Eds.), Advances in organizational justice [M]. Stanford, CA, USA: Stanford University Press, 2001: 56-88.

[108] Lind, E. A., & Tyler, T. R. The social psychology of procedural justice [M]. New York, Plenum, 1988.

[109] Lind, E. A., Kray, Y. L., & Thompson, N. L. Primacy effects in justice judgments: Testing predictions from fairness heuristic theory [J]. Organizational Behavior and Human Decision Processes, 2001, 85 (2): 189-210.

[110] Liden, R. C., Erdogan, B., Wayne, S. J., & Sparrowe, R. T. Leader-member exchange, differentiation, and task interdependence: Implications for individual and group performance [J]. Journal of Organizational Behavior, 2006, 27 (6): 723-746.

[111] Liu J., Kwan H. K., Lee C., Hui C. Work-to-family spillover effects of workplace ostracism: The role of work-homesegmentation Preferences [J]. Human Resource Management, 2013, 252 (1): 75-94.

[112] Lotz, S., Okimoto, T. G., Schlösser, T., & Fetchenhauer, D. Punitive versus compensatory reactions to injustice: Emotional antecedents to third-party interventions [J]. Journal of Experimental Social Psychology, 2011, 47 (2): 477-480.

[113] Mäder, I. A., & Niessen, C. Nonlinear associations between job insecurity and adaptive performance: The mediating role of negative affect and negative reflection [J]. Human Performance, 2017, 30 (5): 231-253.

[114] Madjar, N., Shalley, C, E. Multiple tasks' and multiple goals' effect on creativity: Forced incubation or just a distraction? [J]. Journal of Management, 2008, 34 (3): 786-805.

[115] Maes, J., & Schmitt, M. More on ultimate and immanent justice: Results from the research project "Justice as a problem within reunified Germany" [J]. Social Justice Research, 1999, 12 (2): 65-78.

[116] Martin, R. J., & Hine, D. W. Development and validation of the uncivil workplace behavior questionnaire [J]. Journal of Occupational Health Psychology, 2005, 10 (4): 477-490.

[117] Mathieu, J., Maynard, M. T., Rapp, T., & Gilson, L. Team effectiveness 1997-2007: A review of recent advancements and a glimps into the future [J]. Journal of Management, 2008, 34 (3): 410-476.

[118] McCloy, R. A., Campbell, J. O., & Cudeck, R. A confirmatory test of a model of performance determinants [J]. Journal of Applied Psychology, 1994, 94 (79): 493-505.

[119] Meier, L. L., Spector, P. Reciprocal effects work stressor and counterproductive work behavior: A five-wave longitudinal study [J]. Journal of Applied Psychology, 2013, 98 (3): 529-539.

[120] Methot, J. R., Lepine, J. A., Podsakoff, N. P., & Christian, J. S. Are workplace friendships a mixed blessing? Exploring tradeoffs of multiplex relationships and their associations with job performance [J]. Personnel Psychology, 2015, 69 (2): 311-355.

[121] Milam, A. C., Spitzmueller, C., & Penney, L. M. Investigating individual differences among targets of workplace incivility [J]. Journal of Occupational Health Psychology, 2009, 14 (1): 58-69.

[122] Miner, A. G., Glomb, T. M., & Hulin, C. Experience sampling mood and its correlates at work [J]. Journal of Occupational and Organizational Psychology, 2005, 78 (2): 171-193.

[123] Miner, K. N., & Eischeid, A. Observing incivility toward coworkers and negative emotions: Do gender of the target and observer matter? [J]. Sex Roles, 2012, 66 (7-8): 492-505.

[124] Miner-Rubino, K., & Cortina, L. M. Beyond targets: Consequences of vicarious exposure to misogyny at work [J]. Journal of Applied Psychology, 2007, 92 (5): 1254-1269.

[125] Miner-Rubino, K., & Cortina, L. M. Working in a context of hostility toward women: Implications for employees'well-being [J]. Journal of Occupational Health Psychology, 2004, 9 (2): 107-122.

[126] Mitchell, M. S., Vogel, R. M., & Folger, R. Third parties' reactions to the abusive supervision of coworkers [J]. Journal of Applied Psychology, 2015, 100 (4): 1040-1055.

[127] Mo, S., & Shi, J. Linking ethical leadership to employee burnout, workplace deviance and performance: Testing the mediating roles of trust in leader and surface acting [J]. Journal of Business Ethics, 144: 293–303.

[128] Montgomery, K., Kane, K., & Vance, C. M. Accounting for differences in norms of respect a study of assessments of incivility through the lenses of race and gender [J]. Group & Organization Management, 2004, 29 (2): 248–268.

[129] Motowidlo, S. J. Job performance [A]. In W. C. Borman, D. R. Ilgen, & R. J. Klimoski (Eds.), Handbook of psychology: Industrial and organizational psychology [M]. Hoboken, NJ: John Wiley & Sons, 2003: 39–53.

[130] Mueller, J. S., & Kamdar, D. Why seeking help from teammates is a blessing and a curse: A theory of help seeking and individual creativity in team contexts [J]. Journal of Applied Psychology, 2011, 96 (2): 263–276.

[131] Murray, J. D, Spadafore, J. A., Mcintosh, W. D. Belief in a just world and social perception: Evidence for automatic activation. The Journal of Social Psychology, 2005, 145 (1): 35–47.

[132] Ng, T. W. H., & Lucianetti, L. Within-individual increases in innovative behavior and creative, persuasion, and change self-efficacy over time: A social-cognitive theory perspective [J]. Journal of Applied Psychology, 2015, 101 (1): 14–34.

[133] O'Reilly, J., & Aquino, K. A model of third parties' morally motivated responses to istreatment in organizations [J]. Academy of Management Review, 2011, 36 (6): 526–543.

[134] O'Reilly, J., Aquino, K., & Skarlicki, D. The lives of others: Third parties' responses to other's injustice. Journal of Applied Psychology, 2016, 101 (2): 171–189.

[135] O'Fallon, M. J., & Butterfield, K. D. The influence of unethical peer behavior on observers' unethical behavior: A social cognitive perspective [J]. Journal of Business Ethics, 2012, 109 (2): 117–131.

[136] Oldham, G. R., & Cummings, A. Employee creativity: Personal

and contextual factors at work [J]. Academy of Management, 1996, 39 (3): 607-634.

[137] O'Leary-Kelly, A. M., Griffin, R. W., & Glew, D. J. Organization-motivated aggression: A research framework [J]. Academy of Management Review, 1996, 21: 225-254.

[138] O'Reilly, J., & Aquino, K. A model of third parties' morally motivated responses to mistreatment in organizations [J]. Academy of Management Review, 2011, 36 (6): 526-543.

[139] Ohly, S., Sonnentag, S., & Pluntke, F. Routinization, work characteristics and their relationships with creative and proactive behaviors [J]. Journal of Organizational Behavior, 2006, 27 (3): 257-279.

[140] Otto, K., & Schmidt, S. Dealing with stress in the workplace: Compensatory effects of belief in a just world [J]. European Psychologist, 2007, 12 (4): 272-282.

[141] Park, H., Hoobler, J. M., Wu, J., Liden, R., Hu, J., & Wilson, M. S. Abusive supervision and employee deviance: A multifoci justice perspective [J]. Journal of Business Ethics, 2019, 158 (4): 1113-1131.

[142] Pearson, C, M., & Porath, C. L. On the nature, consequences and remedies of workplace incivility: no time for "nice"? Think again [J]. Academy of Management Executive, 2005, 19 (1): 7-18.

[143] Pearson, C. M., Andersson, L. M., & Porath, C. L. Assessing and attacking workplace incivility [J]. Organizational Dynamics, 2000, 29 (2): 123-137.

[144] Pearson, C., Porath, C. The cost of bad behavior: How incivility is damaging your business and what to do about it [M]. New York: Penguin, 2009.

[145] Peng, J., Chen, Y., Xia, Y., & Ran, Y. Workplace loneliness, leader-member exchange and creativity: The cross-level moderating role of leader compassion [J]. Personality and Individual Differences, 2017, 104: 510-515.

[146] Penny, L. M., & Spector, P. E. Job stress, incivility, and counterproductive behavior (CWB): The moderating role of negative affectivity [J]. Journal of Organizational Behavior, 2005, 26 (7): 777-796.

[147] Petrucci, A. The relationship among incivility, tacit knowledge sharing, trust and organizational commitment [D]. (Unpublished doctoral dissertation). Regent University, 2013.

[148] Podsakoff, P. M., MacKenzie, S. B., Lee, J. Y., & Podsakoff, N. P. Common method biases in behavioral research: A critical review of the literature and recommended remedies [J]. Journal of Applied Psychology, 2013, 88 (5): 879-903.

[149] Porath, C., & Pearson, C. The price of incivility: Lack of respect hurts morale and the bottom line [J]. Harvard Business Review, 2013, 91 (1-2): 115-121.

[150] Porath, C. L., Erez, A. Does rudeness really matter? The effects of rudeness on task performance and helpfulness [J]. Academy of Management Journal, 2007, 50 (5): 1181-1197.

[151] Porath, C. L., Erez, A. Overlooked but not untouched: How rudeness reduces onllokers' performance on routine and creative tasks [J]. Organizational Behavior and Human Decision Processes, 2009, 109 (1): 29-44.

[152] Porath, C., Macinnis, D., & Folkes, V. Witnessing incivility among employees: Effects on consumer anger and negative inferences about companies [J]. Journal of Consumer Research, 2010, 37 (2): 292-303.

[153] Porath, C., MacInnis, D., & Folkesm V. S. It's unfair: Why customers who merely observe an uncivil employee abandon the company [J]. Journal of Service Research, 2011, 14 (3): 302-317.

[154] Prabhu, V., Sutton, C., & Sauser, W. Creativity and certain personality traits: Understanding the mediating effect of intrinsic motivation [J]. Creativity Research Journal, 2008, 21 (1): 53-66.

[155] Preacher, K. J., Hayes, A. F. Asymptotic and resampling strategies for assessing and comparing indirect effects in multiple mediator models [J]. Behavior Research Methods, 2008, 40 (3): 879-891.

[156] Price, J. L. Reflections on the determinants of voluntary turnover [J]. International Journal of manpower, 2001, 22 (7): 600 – 624.

[157] Raja, U., & John, G. The joint effects of personality and job scope on in-role performance, citizenship behaviors, and creativity [J]. Human relations. 2010, 63 (7): 981 – 1005.

[158] Reich, T. C., Hershcovis, M. S. Observing workplace incivility [J]. Journal of Applied Psychology, 2015, 100 (1): 203 – 215.

[159] Robinson, S. L., Wang, W., & Kiewitz, C. Coworkers behaving badly: The impact of coworker deviant behavior upon individual employees [J]. Annual Review of Organization Psychology and Organization Behavior, 2014, 1 (1): 123 – 143.

[160] Robinson, S. L., Bennett, R. J. A typology of deviant workplace behaviors: A multidimensional scaling study [J]. Academy of Management Journal, 1995, 38 (2): 555 – 572.

[161] Ronald, B. R. Kathrin, R., Michael, F. A dynamic perspective on affect and creativity [J]. Academy of Management Journal, 2013, 56 (2): 432 – 450.

[162] Rosen, C. C., Koopman, J., Gabriel, A. S., & Johnson, R. E. Who strikes back? A daily investigation of when and why incivility begets incivility [J]. Journal of Applied Psychology, 2016, 101 (11): 1620 – 1634.

[163] Rotundo, M., Sackett, P. R. The relative importance of task, citizenship, and counterproductive performance to global ratings of job performance: A policy-capturing approach [J]. Journal of Applied Psychology, 2002, 87 (1): 66 – 80.

[164] Rupp, D. E. Testing the moral violation component of fairness theory: Moral maturity as a moderator of the deontological effect [C]. The Annual Meeting of the Society for Industrial and Organizational Psychology. Orlando, 2003.

[165] Sakurai, K., Jex, S. M. Coworker Incivility and incivility targets' work effort and counterproductive work behaviors: The moderating role of supervisor social support [J]. Journal of Occupational Health Psychology, 2012, 17 (2): 150 – 161.

［166］Salancik, G. R., Pfeffer, J. A social information processing approach to job attitudes and task design [J]. Administration Science Quarterly, 1978, 23 (2): 224–253.

［167］Schilpzand, P., Pater, I. E., & Erez, A. Workplace incivility: A review of the literature and agenda for future research [J]. Journal of Organizational Behavior, 2016, 37 (S1): S57–S88.

［168］Schroth, H. A., & Shah, P. P. Procedures: Do we really want to know them? An examination of the effects of procedural justice on self-esteem [J]. Journal of Applied Psychology, 2000, 85 (3): 462–471.

［169］Scott, K. L., Restbog, & Zagenczyk, T. J. A social exchange-based model of the antecedents of workplace exclusion [J]. Journal of Applied Psychology, 2013, 98 (1): 37–48.

［170］Shalley, C. E. Effects of productivity goals, creativity goals, and personal discretion on individual creativity [J]. Academy of Management Journal, 1991, 76 (2): 179–185.

［171］Shalley, C. E., Zhou, J., & Oldman, G. R. The effects of personal and contextual characteristics on creativity: Where should we go from here? [J]. Journal of Management, 2004, 30 (6): 933–958.

［172］Shao, P., Li, A., & Mawritz, M. Self-protective reactions to peer abusive supervision: The moderating role of prevention focus and the mediating role of performance instrumentality [J]. Journal of Organizational Behavior, 2018, 39 (1): 12–25.

［173］Shapiro, D. L., & Brett, J. M. What is the role of control in organizational justice? [A]. In J. Greenberg & J. A. Colquitt (Eds.), Handbook of organizational justice [M]. Mahwah, NJ: Erlbaum, 2005: 155–177.

［174］Sharifirad, M. S. Can incivility impair team's creative performance through paralyzing employee's knowledge sharing? A multi-level approach [J]. Leadership & Organization development Journal, 2016, 37 (2): 200–225.

［175］Shin, S. J., & Zhou, J. When is educational specialization heterogeneity related to creativity in research and development teams? Transformational leadership as a moderator [J]. Journal of Applied Psychology, 2007, 92 (6):

1709-1721.

［176］Simmons, A. L. The influence of openness to experience and organizational justice on creativity [J]. Creativity Research Journal, 2011, 23 (1): 9-23.

［177］Skarlicki, D. P., & Kulik, C. T. Third-party reactions to employee (mis) treatment: A justice perspective [J]. Research in Organizational Behavior, 2004, 26 (1): 183-229.

［178］Skarlicki, D. P., van Jaarsveld, D. D., Walker, D. D. Getting even for customer mistreatment: The role of moral identity in the relationship between customer interpersonal injustice and employee sabotage [J]. Journal of Applied Psychology, 2008, 93 (6): 1335-1347.

［179］Sliter, M., Jex, S. McInnerney, J., Wolford, K. How rude! Emotional labor as a mediator between customer incivility and employee outcomes [J]. Journal of Occupational Health Psychology, 2010, 15 (4): 468-481.

［180］Sliter, M., Sliter, K., Jex, S. The employee as a punching bag: the effect of multiple sources of incivility on employee withdrawal behavior and sales performance [J]. Journal of Organizational Behavior, 2012, 33 (1): 121-139.

［181］Spector, P. E., & Fox, S. An emotion-centered model of voluntary work behavior: Some parallels between counterproductive work behavior and organizational citizenship behavior [J]. Human Resources Management Review, 2002, 12 (2): 269-292.

［182］Statici, S. A., Uysal, R., & Satici, B. An investigation of the relationship between deontic justice and perceived social competence [J]. Procedia- Social and Behavioral Science, 2014, 140 (22): 3-8.

［183］Steinbauer, R., Renn, R. W., Chen, H. S., & Rhewm N. Workplace ostracism, self-regulation, and job erformance: Moderating role of intrinsic work motivation [J]. Journal of Social Psychology, 2018, 158 (6): 767-783.

［184］Sternberg, R. J., & Lubart, T. I. The concept of creativity: Prospects and paradigms [A]. In R. J. Sternberg (Ed.), Handbook of creativity

[M]. New York, NY: Cambridge University Press, 1999: 3-15.

[185] Sun, L. Y. , Chow, I. H. S. , Chiu, R. K. , Pan, W. Outcome Favorability in the Link between Leader-Member Exchange and Organizational Citizenship Behavior: Procedural Fairness Climate Matters [J]. Leadership Quarterly, 2013, 24 (1): 215-226.

[186] Sweeney, P. D. , McFarlin, D. B. Workers' evaluations of the "ends" and the "means": An examination of four modles of distributive and procedural justice [J]. Organizational Behavior and Human Decision Process, 1993, 55 (1): 23-40.

[187] Tekleab, A. G. , Takeuchi, R. , & Taylor, S. M. Extending the chain of relationships among organizational justice, social exchange, and employee reactions: The role of contract violations [J]. Academy of Management Journal, 2005, 48 (1): 146-157.

[188] Tepper, B. J. Consequence of abusive supervision [J]. Academy of Management Journal, 2000, 43 (2): 178-190.

[189] Thibaut, J. W. , & Walker, L. A theory of procedure [J]. California Law Review, 1978, 66 (3): 541-566.

[190] Thibaut, J. W. , & Walker, L. Procedural justice: A psychological analysis [M]. Hillsdale, NJ: Lawrence Erlbaum, 1975.

[191] Thoresen, C. J. , Bradleya, J. C. , Bliesec, P. D. , & Thoresen, J. D. The big five personality traits and individual job erformance growth trajectories in maintenance and transitional job stages [J]. Journal of Applied Psychology, 2004, 89 (5): 835-853.

[192] Tierney, P. , & Farmer, S. M. Creative self-efficacy development and creative performance over time [J]. Journal of Applied Psychology, 2011, 96 (2): 277-293.

[193] Totterdell, P. , Hershcovis, S. M. , & Niven, K. Can employees be emotionally drained by witnessing unpleasant interactions between coworkers? A diary study of induced emotion regulation [J]. Work & Stress, 2012, 26 (2): 112-129.

[194] Trudel, J. , & Reio, T, G. Managing workplace incivility: The

role of conflict management styles-antecedent or antidote? [J]. Human Resource Development Quarterly, 2011, 22 (4): 395-423.

[195] Tsui, A. S., Pearce, J. L., Porter, L. W., et al. Alternative approaches to the employee-organization relationship: Does investment in employees pay off? [J]. Academy of Management Journal, 1997, 40 (5): 1089-1121.

[196] Turillo, C. J., Folger, R., Lavelle, J. J. Umphress, E. E. and Gee, J. O. Is virtue its own reward? Self-sacrificial decisions for the sake of fairness [J]. Organizational Behavior and Human Decision Processes, 2002, 89 (1): 839-865.

[197] Tyler, T. R., Lind, E. A. A relational model of authority in groups [A]. In M. P. Zanna (Eds). Advances in Experimental Social Psychology [M]. San Diego, CA: Academic Press, 1992: 115-191.

[198] Tyler, T. R Conditions leading to value-expressive effects in judgments of procedural justice: A test of four models [J]. Journal of Personality and Social Psychology, 1987, 52 (2): 333-344.

[199] Tyler, T. R., & Blader, S. Cooperation in groups: Procedural justice, social identity, and behavioral engagement [M]. Philadelphia, PA: Psychology Press, 2000.

[200] Umpress, E. E., Simmons, A. L., Folger, R., Ren, R., & Bobocel, R. Observer reactions to interpersonal injustice: The roles of perpetrator intent and victim perception [J]. Journal of Organizational Behavior, 2013, 34 (3): 327-349.

[201] Van den Bos, G. R., & Bulatao, E. Q. Violence on the job: Identifying risks and developing solutions [M]. Washington, DC: American Psychological Association. 1996.

[202] Van den Bos, K., Lind, E. A. and Wilke, H. A. M. The psychology of procedural and distributive justice viewed from the perspective of fairness heuristic theory [A]. in R. Cropanzano (ed.), Justice in the Workplace: From Theory to Practice [M]. Mahwah, NJ: Lawrence Erlbaum, 2001.

[203] Vinokur, A. D., & van Ryn, M. Social support and undermining

in close relationships: Their independent effects on the mental health of unemployed persons [J]. Journal of Personality and Social Psychology, 1993, 65 (2): 350 - 359.

[204] Walker, D. D., van Jaarsveld, D. D., & Skarlicki, D. P. Exploring the effects of individual customer incivility encounters on employee incivility: The moderating role of entity (in) civility and negative affectivity [J]. Journal of Applied Psychology, 2014, 99 (1): 151 - 161.

[205] Walter, F., Lam. C. K., van der Vgert G. S., Huang, X., Miao, Q. Abusive supervision and subordinate performance: Instrumentality considerations in the emergence and consequences of abusive supervision [J]. Journal of Applied Psychology, 2015, 100 (4): 1056 - 1072.

[206] Wang, W, Mao, J., Wu, W, & Liu, J. Abusive supervision and workplace deviance: The mediating role of interactional justice and the moderating role of power distance [J]. Asia Pacific Journal of Human Resources, 2012, 50 (1): 43 - 60.

[207] Waston, D., Clark, L. A, Tellegen, A. Development and validation of brief measure of positive and negative affect: The PANAS Scale [J]. Journal of Personality and Social Psychology, 1988, 54 (6): 1063 - 1070.

[208] Wei, S., Shi, S., Zhou, M., He, D. Entitled to undermine others: Understanding (In) justice effect from the justice motive perspective [C]. Paper presented at Academy of Management Annual Meeting Proceedings, 2016.

[209] Weiss, H. M., & Cropanzano, R. Affective events theory: A theoretical discussion of the structure, causes and consequences of affective experience at work [J]. Research in Organizational Behavior, 1996, 18 (3): 1 - 74.

[210] Williams, L. J., & Anderson, S. E. Job satisfaction and organizational commitment as predictors of organizational citizenship and in-role behaviors [J]. Journal of Management, 1991, 7 (3): 601 - 617.

[211] Wilson, N. L., & Holmvall, C. M. The development and validation of the incivility from customers scale [J]. Journal of Occupational Health Psychology, 2013, 18 (3): 310 - 326.

[212] Wong, K. F. E., Yik, M., Kwong J. Y. Y. Understanding the emotional aspects of escalation of commitment: The role of negative affect [J]. Journal of Applied Psychology, 2006, 91 (2): 282 – 297.

[213] Woolum, A., Foulk, T., Lanaj, K., & Erez, A. Rude color glasses: The contaminating effects of witnessed morning rudeness on perceptions and behaviors throughout the workday [J]. Journal of Applied Psychology, 2017, 102 (2): 1658 – 1672.

[214] Wu, L., Zhang, H., Chiu, R. K., & He, X. Hostile attribution bias and negative reciprocity beliefs exacerbate incivility's effects on interpersonal deviance [J]. Journal of Business Ethics, 2013, 120 (1): 1 – 14.

[215] Yeung, A., & Griffin, B. Workplace incivility: Does it matter in Asia? [J]. People and Strategy, 2008, 31 (3): 14 – 19.

[216] Zellars, K. L., Tepper, B. J., Duffy, M. K. Abusive Supervision and Subordinates' Organizational Citizenship Behavior [J]. Journal of Applied Psychology, 2002, 87 (6): 1068 – 1076.

[217] Zhang, H., Kwan, H. K., Zhang, X., et al. High core self-evaluators maintain creativity: A motivational model of abusive supervision [J]. Journal of Management, 2014, 40 (4): 1151 – 1174.

[218] Zhang, X., & Kwan, H. K. Workplace ostracism and employee performance outcomes: The pragmatic and psychological effects [C]. Paper presented at Academy of Management Annual Meeting Proceedings, 2015, Vancouver, British Columbia, Canada.

[219] Zhang, Y., Lepine, J. A., Buckman, B. R., & Wei, F. It's not fair ··· or is it? The role of justice and leadership in explaining work stressor-job performance relationships [J]. Academy of Management Journal, 2014, 57 (3): 675 – 693.

[220] Zheng, X. W. Influence of employees' unethical behavior on their victimization from observers: The role of relationship conflict and deontic justice [J]. Metallurgical and Mining Industry, 2015, (3): 250 – 259.

[221] Zhou, J., & Hoever, L. J. Research on workplace creativity: A review and redirection [J]. Annual Review of Organization Psychology and Or-

ganization Behavior, 2014, 1 (1): 333-359.

[222] Zhou, J., & Shalley, C. E. Research on employee creativity: A critical review and directions for future research [A]. In J. J. Martocchio & G. R. Ferris (Eds.), Research in personnel and human resource management [M]. Oxford: Elsevier Science, 2003: 165-217.

[223] Zhou, J., & George, J. M. When job dissatisfaction leads to creativity: Encouraging the expression of voice [J]. Academy of Management Journal, 2001, 44 (4): 682-696.

[224] Zoghbi-Manrique-de-Lara, P., & Suárez-Acosta, M. A. Employees' reactions to peers' unfair treatment by supervisors: The role of ethical leadership [J]. Journal of Business Ethics, 2014, 122 (4): 537-549.

[225] Zurbrügg, L., Miner, K., N. Gender, sexual orientation, and workplace incivility: Who is most targeted and who is most harmed? [J]. Frontiers in Psychology, 2016, 7 (1): 1-12. DOI: 10.3389/fpsyg.2016.00565

[226] 曹元坤, 祝振兵, 王震. 辱虐管理对追随者职场偏离的影响: 公正世界信念的调节作用 [J]. 当代财经, 2015, (12): 69-78.

[227] 杜建政, 祝振兵. 公正世界信念: 概念、测量及研究热点[J]. 心理科学进展, 2007, 15 (2): 373-378.

[228] 杜建政, 祝振兵, 李兴琨. 大学生公正世界信念量表的初步编制 [J]. 中国临床心理学杂志, 2007, 15 (3): 239-241.

[229] 付亚和, 许玉林. 绩效管理 [M]. 上海: 复旦大学出版社, 2004, 3-27.

[230] 干晨静. 领导和同事非伦理行为影响员工工作绩效的过程机制研究: 基于道义公平视角 [D]. 浙江大学博士学位论文, 2016.

[231] 侯方俊, 马红宇, 梁娟. 不确定感在他人的程序公正与自我的合作行为之间的中介作用 [J]. 心理科学, 2017, 40 (4): 947-953.

[232] 蒋琬. 辱虐管理, 团队辱虐氛围对员工及团队工作有效性的多层次影响模型研究 [D]. 上海交通大学博士学位论文, 2015.

[233] 靳宇倡. 工作场所攻击行为及其影响因素的研究 [D]. 西南大学博士学位论文, 2010.

[234] 李宁琪, 易小年. 组织公平、辱虐管理及员工工作倦怠关系实

证研究 [J]. 科技与管理, 2010, 12 (4): 46-49.

[235] 刘嫦娥, 戴万稳. 工作场所无礼行为研究综述 [J]. 管理学报, 2012, 9 (7): 1092-1097.

[236] 毛畅果, 孙健敏. 基于主动性人格调节作用的工作场所不文明行为危害研究 [J]. 心理科学进展, 2012, 20 (9): 1487-1494.

[237] 任巍, 王一楠. 道义公平研究述评与展望 [J]. 外国经济与管理, 2016, 3 (12): 103-112.

[238] 王端旭, 曾恺, 郑显伟. 员工非伦理行为如何招致同事攻击: 道义公正视角 [J]. 心理学报, 2017, 49 (6): 829-840.

[239] 王端旭, 郑显伟. 职场攻击行为多视角整合研究 [J]. 浙江大学学报, 2013, 43 (4): 104-112.

[240] 姚若松, 陈怀锦, 苗雄鹰. 公交行业一线员工人格特质对工作绩效影响的实证分析: 以工作态度作为调节变量 [J]. 心理学报, 2013, 45 (10): 1163-1178.

[241] 占小军. 情绪还是认知? 主管不文明行为对员工工作及生活的作用机制研究 [J]. 管理评论, 2017, 29 (1): 82-91.

[242] 占小军. 工作场所不文明行为对服务破坏的影响: 基于道德认知视角的解释 [J]. 当代财经, 2017, (7): 81-91.

[243] 张鹏程, 刘文兴, 廖建桥. 魅力型领导对员工创造力的影响: 仅有心理安全足够吗? [J]. 管理世界, 2011, (10): 94-107.

[244] 赵君. 员工道义公平的前因和结果研究 [D]. 浙江大学硕士学位论文, 2014.

[245] 赵祁, 李锋. 团队领导与团队有效性: 基于社会认同理论的多层次研究 [J]. 心理科学进展, 2016, 24 (11): 1677-1689.

[246] 周春燕, 刘筱, 黄海, 刘陈陵, 郭永玉. 成人公正世界信念问卷的编制及信效度检验 [J]. 中国临床心理学杂志, 2015, 23 (4): 580-584.

后　　记

有人说，世界上最遥远的距离是从 abstract 到后记，终于也到了要开始写后记的时刻，我没有想象中那般惊喜，但拥有满腔的感激和爱。

本书源自我的博士论文，2019 年得到江西财经大学"信毅"学术专著的全额出版资助，要感谢学校的资助和支持，也要感谢学院领导和同事对我的帮助，感激之情无以言表，只能用日后的点滴工作作为回报。还要特别感谢中国财政经济出版社的编辑老师段钢，没有您们的辛勤工作，书稿难以如此顺利面世。

其次是要感谢我的博士导师中山大学管理学院孙海法教授，14 年硕士毕业之后，怀揣着对学术的渴望，我有幸来到中山大学投入孙老师门下，要感谢孙老师的接纳，让我有机会开展博士阶段的学习。跟随孙老师学习的四年，孙老师不仅在学业上悉心指导，促进我研究能力的提升，还在思想上推动我心态的转变。在博士论文选题上，孙老师给予了我充分的自由，并多次和我探讨，在具体的研究方案制定中给予我悉心的指导，帮助我提升研究的意义和价值；在论文的写作过程中，孙老师更是不厌其烦地解答我所有的困惑，让我中逻辑的无序中惊醒，在我对自己的能力感到怀疑时，孙老师又及时送来鼓励激励我继续前行。孙老师，您辛苦了，谢谢您！

同样，要特别感谢我的硕士导师江西财经大学曹元坤教授，曹老师是我学术道路上第一个引路人，引领我踏上研究的旅程。在我进入博士阶段学习以及参加工作之后，曹老师和师母邓老师一如既往地关心我的学习和生活情况，曹老师的渊博和睿智总能够给我很多启发，生活上的关心也给予了我很多继续前行的力量；感谢我的本科班主任，江西财经大学吴军民老师和师母黄老师，两位老师不仅工作能力突出，生活中也是非常温暖的人，您们将成为我日后学习和生活中的楷模；感谢硕士期间的师兄师姐占小军老师、祝振兵老师、朱建斌老师以及喻玲老师，在我遇到困惑和难题的时候，像哥哥姐姐一样地给予我帮助，带来的温暖和力量让我一次次战胜内心的拖延和恐惧，勇敢地面对和解决遇到的问题和挑战。

最后，我要将自己最诚挚的感激和爱献给我的家人，虽然您们并不知道我研究的是什么，但您们是这个世界上最关心和最了解我的人，始终如一地用最无私的爱在背后默默支持和鼓励我，让我无后顾之忧地完成学业和工作。您们永远是我前行的动力。

李志成
2019 年 12 月于江西财经大学麦庐园